JUSTIZGEFLÜSTER

AF705019

JUSTIZ GEFLÜSTER

GERICHTE UND GEFÄNGNISSE IN BERLIN

Text: Alexander Vogel und Arne Krasting
Fotos: Arne Krasting

ammian
VERLAG

INHALT

VORWORT

VON ARNE KRASTING

Der Andrang ist groß vor dem Kriminalgericht in Moabit. Aber nur zwölf Zuschauer dürfen dem Prozess beiwohnen. Wir befinden uns mitten in der Pandemie. Ich gehöre zu den Glücklichen, die durch die Tür am Seiteneingang in der Turmstraße eingelassen werden. Es herrscht höchste Sicherheitsstufe. Mobiltelefon, Zeitung und sogar meinen Kugelschreiber muss ich abgeben.

Als Zuschauer betrete ich den Saal 500 durch den hinteren Eingang, anders als die Prozessbeteiligten und das Gericht. Seit Anfang des letzten Jahrhunderts ist dieser Saal immer wieder Schauplatz berühmter Prozesse. Mir ist der holzvertäfelte Raum seltsam vertraut aus vielen Fernsehberichten. Auch der Prozess, bei dem ich nun zuschauen darf, liefert der Presse regelmäßig Schlagzeilen. Auf der Anklagebank sitzen der Clanchef Arafat Abou-Chaker und drei seiner Brüder. Ihnen gegenüber sitzt Anis Ferchichi alias »Bushido«, Beruf: Rapper. Er ist Geschädigter und Nebenkläger. Versuchte räuberische Erpressung, Freiheitsberaubung, gefährliche Körperverletzung, Nötigung, Beleidigung und Untreue lauten die Anklagepunkte.

Für mich ist es der erste Prozessbesuch seit über dreißig Jahren. Damals hat mich mein Vater in seine Verhandlungen als Richter am Amtsgericht Winsen mitgenommen. Zwar verblassen die Kindheitserinnerungen, aber wahrscheinlich ging es weniger laut und ruppig zu als an diesem Tag im Saal 500 in Moabit. Immer wieder muss der Vorsitzende Richter die Kontrahenten zur Mäßigung ermahnen. Nervenaufreibende Arbeit für die Beteiligten, kurzweilige Unterhaltung für die Zuschauer – und für mich Teil der Recherche für das Buch *Justizgeflüster. Gerichte und Gefängnisse in Berlin*.

Noch immer schränkt die Pandemie einen Teil meiner Arbeit, die Organisation und Durchführung von Stadterkundungen, ein. Ein Jahr nach meinem ersten Buch, *Fassadengeflüster. Berliner Bauten der Weimarer Republik*, habe ich mich daher wieder auf Entdeckungsreise durch Berlin begeben. Ausgangspunkt war ein Drehtag im Amtsgericht Wedding für die Serie *Babylon Berlin*, deren Partner meine Agentur seit Jahren ist. Ich muss gestehen: Erst durch die Dreharbeiten habe ich das schlossähnliche Gebäude am Brunnenplatz so richtig kennengelernt. Der monumentale und prachtvoll gestaltete Eingangsbereich hinterließ bei mir einen tiefen Eindruck. Welche Schätze würden wohl noch die anderen Gerichtsgebäude in Berlin bergen?

Schnell entstand so die Idee für ein neues Buchprojekt. Diesmal habe ich dafür aber einen Partner gefunden: Alexander Vogel. Seit vielen Jahren arbeiten wir zusammen und teilen die Leidenschaft fürs Entdecken und Erzählen von Geschichten. Außerdem ist er Jurist. Ein großer Vorteil, wenn es um Bauten der Justiz geht. Gemeinsam haben wir uns auf Spurensuche begeben und besichtigten Gerichte und Gefängnisse. Denn nur so ließen sich den Gebäuden ihre Geheimnisse und Geschichten entlocken.

Die Gerichte in Berlin überraschen und überwältigen oft. Häufig kommen sie mit dem Pathos und dem Kitsch der Kaiserzeit daher. Mögen Fans des Neuen Bauens und manche Architekturhistoriker die Nase rümpfen: Als Besucher kann man sich ihrer Pracht kaum entziehen. Touristen findet man hier jedoch selten. Und auch viele Berliner kennen kaum eines der Schmuckstücke, die wir besucht haben. Wer nicht bei Gericht arbeitet oder dorthin geladen wird, meidet wohl meist diese Gebäude. Vielleicht, weil eine gewisse Hemmschwelle beim Betreten überwunden werden muss. Aber es ist nur eine Schwelle, keine Sperre. Der Öffentlichkeitsgrundsatz bei Gericht schreibt vor, dass der Zugang zu Verhandlungen ge-

Besucher-
eingang

–126–139/125–101 u. 140–145–

AUSKUNFT

Fußgänger

währleistet werden muss. Auch die Restriktionen der letzten Pandemie-Jahre haben dies nicht geändert. In Zeiten des harten Lockdowns waren die Prozesse in Moabit sogar eine der seltenen Möglichkeiten, einer öffentlichen Veranstaltung wie etwa dem Bushido-Prozess beizuwohnen.

Kompliziert gestaltete sich die Besichtigung eines aktuell genutzten Gefängnisses. Als Außenstehender hat man dort keinen Zugang. Zwar wurde vor einiger Zeit über »Tage der offenen Tür« in der JVA Plötzensee berichtet. Gemeint war damit allerdings nur die Häufung erfolgreicher Gefängnisausbrüche. Für uns blieben es harte Türen. Glücklicherweise gibt es in Berlin noch eine Vielzahl ehemaliger Gefängnisse. Viele von ihnen haben auch als Filmkulisse Karriere gemacht. Apropos Film: »Gefängnis-Expertise« habe ich in das Projekt einbringen können, als ich während der Recherche in einem Film von Jan Josef Liefers einen Wärter spielen durfte, der Erich Honecker aus seiner Zelle begleitet.

Da es nur wenig Literatur über die Geschichte der Berliner Gerichte und Gefängnisse gibt, waren für uns die Gespräche mit den Mitarbeitern der Häuser von besonderer Bedeutung. Ob Justizvollzugsbeamte oder Hausmeister, Pressesprecherin oder Gerichtspräsident – sie alle haben uns wertvolle und häufig spannende Einblicke gewährt: Neunzig Jahre alte »Graffiti« im Amtsgericht Lichterfelde, die noch auf eine Dechiffrierung warten, der Dachboden des Lichtenberger Gerichts, wo zu DDR-Zeiten wilde Partys gefeiert wurden, alte Wolldecken mit Aufschrift »Berlin 1979« und Gebrauchsgegenstände, die seit Jahrzehnten auf dem Wachturm des Amtsgerichtsgefängnisses Neukölln vermodern, oder eine fast zwei Tonnen schwere, vergessene Justitia-Statue. Viele Entdeckungen haben uns auf der Reise durch Berlins Justizgebäude beglückt und staunen lassen. Beeindruckt hat uns neben Offenheit und Hilfsbereitschaft aber vor allem der Stolz unserer Gesprächspartner, mit dem sie von ihrem Arbeitsort erzählen.

Neben den Gesprächen war es für uns wichtig, ausreichend Gelegenheit zum Fotografieren zu bekommen. Wie bei *Fassadengeflüster* haben es mir dabei vor allem geheimnisvolle Details und architektonische Besonderheiten angetan. Sie waren häufig in solch fantasievoller und überbordender Fülle vorhanden, dass nur ein Bruchteil meiner Fotos Eingang in das Buch finden konnte. Ausführlich haben wir diesmal auch in den Archiven gestöbert. Begeistert haben uns Aufnahmen der Gerichtsgebäude aus der Kaiserzeit, die zeigen, wie die meisten der Gerichte damals auf der »grünen Wiese« errichtet wurden. Ein erstaunlicher Fund waren die Fotos des Gerichtsreporters Leo Rosenthal aus dem Kriminalgericht Moabit, die kleine Geschichten am Rande der Prozesse, aber auch die ganz große Geschichte vermitteln.

Justizgeflüster soll zum eigenen Entdecken der Stätten der Justiz in Berlin anregen. Wir schlagen daher drei Fahrradrouten vor, die es ermöglichen, zahlreiche der Orte auf einer attraktiven Tour zu besichtigen. Entwickelt haben wir diese Tourenvorschläge zusammen mit Christian Tänzler, Pressesprecher von Visit Berlin und Vorstand des Allgemeinen Deutschen Fahrrad-Clubs.

Wenige Tage bevor das Buch in den Druck gehen sollte, bekamen wir dann doch noch die Erlaubnis, ein aktuelles Gefängnis zu besichtigen: die JVA Heidering, eine der modernsten Haftanstalten Europas und in unserem Buch der jüngste Ort. Die Gefangenen hatten gerade Freigang und genossen die erste Frühlingssonne draußen auf den Höfen. Die leere Zellengänge, die Besucherzimmer und die üppigen Sportanlagen waren fast klinisch sauber und vor allem sehr farbig. Einen Blick in die gut sortierte Gefängnisbibliothek durften wir auch werfen. Vielleicht findet sich dort in passender Umgebung bald unser *Justizgeflüster*. Wir wünschen allen Lesern – wo auch immer – spannende Entdeckungen, manche Anregung und in jedem Falle eine vergnügliche Lesezeit mit diesem Buch.

DAS ERBE DER KAISERZEIT

EINE KURZE EINLEITUNG

»Der Kaiser hat abgedankt!«, ruft der Sozialdemokrat Philipp Scheidemann am 9. November 1918 den Massen vor dem Reichstag zu. Wie recht er damit behalten sollte! Gerade für Berlin. Denn Berlin startet nach dem Ende des Kaisers eine Achterbahnfahrt der Geschichte: die Weimarer Republik mit den oft wenig goldenen Zwanzigern, die Diktatur der Nationalsozialisten mit den Zerstörungen des Zweiten Weltkriegs, die Zeit der Teilung mit Alliierten und Mauer, das Ende des Kalten Krieges mit Mauerfall und Wiedervereinigung – die Welt nach 1918 wird für die Stadt so turbulent, so überwältigend in ihren Folgen und der allgemeinen Wahrnehmung, dass die Epoche davor immer mehr verblasst. Die Kaiserzeit scheint heute für Berlin sehr weit weg zu sein. Doch auf kaum einem Feld ist sie so sichtbar geblieben wie in den Stätten der Justiz.

Es ist verblüffend: In Berlin wird noch heute ganz überwiegend in Gebäuden Recht gesprochen, die in der Zeit des Kaiserreichs entstanden sind. Freiheitsstrafen werden immer noch in kaiserzeitlichen Gefängnissen abgesessen. Und der Aufbau der Gerichte ist heute im Wesentlichen noch der gleiche wie unter dem Kaiser.

Alles beginnt vor 150 Jahren: 1871 wird das Deutsche Reich gegründet. Nun gibt es einen Kaiser. Und Berlin ist nicht mehr nur preußische Hauptstadt, sondern auch Reichshauptstadt. Die zersplitterten deutschen Staaten sind zusammengeführt worden, aber das Rechtswesen ist noch ein Flickenteppich. 1877 werden deshalb die sogenannten Reichsjustizgesetze verabschiedet. Darunter: eine neue Strafprozessordnung und eine neue Zivilprozessordnung. Jetzt gibt es endlich verbindliche Grundsätze für alle Gerichtsverfahren in ganz Deutschland.

Altes Kriminalgericht, um 1885

Ganz neu sind diese Regelungen für Berlin allerdings nicht. Sie lehnen sich an Reformen an, die hier schon Mitte des 19. Jahrhunderts das Rechtsleben auf den Kopf gestellt hatten.

Bereits im Fahrwasser der Revolution von 1848 hatte es in Berlin eine Menge Veränderungen bei den Gerichten gegeben. Zuständigkeiten wurden zusammengezogen, einige privilegierte Gerichtsstände über Bord geworfen, Straf- und Zivilrechtssachen schärfer voneinander getrennt. In Strafverfahren musste nun ein Staatsanwalt eigenständig ermitteln und Anklage erheben. Das kam wiederum der Unabhängigkeit der Richter zugute. Besonders wichtig: Prozesse mussten jetzt mündlich und öffentlich geführt werden, während dies vorher schriftlich geschah. Und es wurden Schwur- und Schöffengerichte eingeführt und damit Laien bei der Rechtsfindung eingebunden. An den Gerichtsgebäuden änderte sich aber nichts. Es gab zu der Zeit in Berlin auch gar keine Gebäude, die nur speziell für ein Gericht gebaut worden waren. Einzige Ausnahme war das Kammergericht, dem ein eigenes Haus schon im 18. Jahrhundert errichtet worden war.

Aber nicht nur die Verfahren vor Gericht werden 1877 einheitlich geregelt. Zu den Reichsjustizgesetzen zählt auch das Gerichtsverfassungsgesetz. Dieses bestimmt eine neue Organisation aller deutschen Gerichte. Für die sogenannten ordentlichen Gerichte, also die Gerichte für Straf- und Zivilverfahren, gilt nun ein dreistufiger Aufbau: Amtsgericht, Landgericht und Oberlandesgericht. Nach einem Verteilungsschlüssel, der sich auf Fläche und Bevölkerungszahl bezieht, wird Deutschland in Oberlandesgerichtsbezirke aufgeteilt, denen eine bestimmte Anzahl an Landgerichten untergeordnet ist, denen wiederum Amtsgerichte zugeordnet werden. Und über allen thront das Reichsgericht. Das gibt es mittlerweile nicht mehr, sondern stattdessen den Bundesgerichtshof. Aber der Rest wird heute noch genauso gehandhabt und heißt auch noch so.

Mit den neuen Reichsjustizgesetzen kam man nicht mehr umhin, Berlin auch endlich mit neuen Gerichtsgebäuden auszustatten. Das war auch dringend nötig. Jahrzehntelang war es bei Gericht viel zu eng, wenig standesgemäß und nahezu rechtswidrig zugegangen. Immer wieder mussten neue Gebäude angemietet werden. Meist waren die schlecht für die Prozessanforderungen geeignet. Warteräume für Anwälte und Publikum gab es nicht, oft staute sich alles in den Treppenhäusern und Fluren. Für Schwurgerichtsverfahren zog man extra in ein Lagerhaus in der Klosterstraße, um all die Geschworenen, Zeugen, Verteidiger, Pressevertreter und Schaulustigen unterzubringen, die sich nun bei den Verfahren tummelten. Das Stadtgericht musste sich zusätzlich in eine alte Kadettenanstalt einquartieren, um überhaupt noch arbeitsfähig zu bleiben.

Neben ungeeigneten Gebäuden hatte in Berlin die Justiz – und nicht nur die – mit einem rasanten Bevölkerungswachstum zu kämpfen. War Berlin schon vor der Reichsgründung eine aufstrebende Stadt gewesen, so wurde 1871 noch einmal der Turbo gezündet. Mitte des 19. Jahrhunderts gab es etwas mehr als 400.000 Menschen in der Stadt. Gut fünfzig Jahre später hatte man bereits die Zwei-Millionen-Marke überschritten.

Und so beginnt man im selben Jahr, in dem die Reichsjustizgesetze verabschiedet werden, mit dem Bau des ersten neuen Gerichts. 1882 wird das Kriminalgericht fertiggestellt. Es wird später einen deutlich größeren Ergänzungsbau bekommen, das heutige Kriminalgericht Moabit, weshalb man es dann das »alte« Kriminalgericht nennt. Aber selbst dieses alte Kriminalgericht, mit dem zugleich ein großes Gefängnis errichtet wird, zeigt schon, wohin die Reise bei den neuen Justizbauten geht: Sie sollen repräsentative Bauten sein, die den Anforderungen der neuen Gesetze mehr als nur Genüge tun. Klotzen statt kleckern ist nun die Devise. Platzprobleme sollen der Vergangenheit angehören. Und die Architektur macht jetzt die Bedeutung und die Funktion der Justiz deutlich. Die Fassaden der neuen Gerichte werden meist durch hohe Fenster an einem Mittelbau gegliedert. Sie zeigen schon von außen an, dass dahinter die öffentlichen Verhandlungen stattfinden. Der Große Schwurgerichtssaal des alten Kriminalgerichts zum Beispiel bietet dann auch gewaltig viel Platz: Auf einer Fläche von 368 Quadratmetern gibt es – inklusive Tribünenplätzen – Raum für 250 Zuschauer. Der Sitzungssaal im Preußischen Abgeordnetenhaus war zu der Zeit nur wenig größer. Die Gerichte Berlins werden zu dekorativen Bühnen des Rechts für ein erlebnishungriges Publikum. Und für manche der Darsteller gibt es ein Nachspiel in einem der neu gebauten Berliner Gefängnisse.

Denn auch die Gefängnisse werden den Anforderungen der Großstadt angepasst. Sie werden nach modernen Überlegungen neu errichtet – und erlangen durch prominente Gefangene selbst Berühmtheit. Tegel, Plötzensee oder Moabit sind bald auch außerhalb Berlins überall bekannt.

Der einsetzende Justiz-Bauboom wird auch von dem merkwürdigen Stadtgebilde begünstigt, das die Metropole Berlin zu dieser Zeit darstellt: Einerseits Hauptstadt und damit Sitz wichtiger überregionaler Gerichte, war Berlin andererseits in seiner Ausdehnung eine relativ kleine Stadt geblieben. Bis 1920 nimmt die Stadt offiziell nur eine Fläche ein, die so groß ist wie das heutige Görlitz oder Bayreuth. De facto verschmilzt Berlin aber immer mehr mit dem Umland und den umgebenden Städten, die im Sog der Hauptstadt entstanden sind. Berlin erwächst bereits zur Kaiserzeit zu der Vier-Millionen-Metropole, die sie auf dem Papier erst mit der Gründung von Groß-Berlin 1920 wird. Aber noch gibt es stolze eigenständige Städte wie Charlottenburg oder Neukölln, für die eigene prächtige Justizbauten entstehen.

Über dreißig Gerichte und Gefängnisse werden in der Kaiserzeit auf dem Gebiet errichtet, das später die Großstadt Berlin bildet. Fast alle sind sie heute noch erhalten. Fast alle werden sie noch genutzt. Blickt man auf die Zerstörungen, die Krieg und Stadtplanung in Berlin angerichtet haben, grenzt das an ein Wunder. In keiner anderen Metropole Europas sind so viele historische Gerichtsgebäude und Gefängnisse noch im Dienst der Justiz. Nur der erste Bau, das alte Kriminalgericht, gehört leider nicht dazu. Obwohl nur moderat im Krieg beschädigt, wurde er 1953 abgerissen.

Zu keiner Zeit war die Berliner Justiz besser ausgestattet als zu Beginn des 20. Jahrhunderts. Sie zehrt bis heute davon. Für alle damals errichteten Gebäude hatte man großzügige Erweiterungsmöglichkeiten geplant. Davon wurde meist schon kurz nach der Fertigstellung Gebrauch gemacht. Heute wird zuweilen beklagt, dass Gerichte und Gefängnisse den Ansprüchen nicht mehr genügen. In einigen Bereichen sind die Zustände tatsächlich bedenklich. Aber alles in allem kann die Justiz in Berlin auf eine mehr als solide Versorgung blicken, dank und manchmal auch trotz der zahlreich erhaltenen Gebäude der Kaiserzeit.

Selbstverständlich wurde im Lauf der letzten hundert Jahre bei den Gerichten und Gefängnissen viel an- und umgebaut. In diesem Buch liegt das Hauptaugenmerk aber auf den histori-

schen Ursprungsbauten. Bei den hier ausgewählten Orten ist jeweils eine Bezeichnung gewählt, die den wechselnden Funktionen und dem Kontext des Buches am besten Rechnung trägt. Nicht immer ist das der heute offiziell verwendete Name für das Gebäude.

Ergänzend zu den Gerichten und Gefängnissen sollen zusätzlich noch weitere Orte vorgestellt werden, die für die Justiz in Berlin eine Rolle spielen oder gespielt haben, wo Recht gedacht, erforscht, verwaltet und vollstreckt wurde. Nicht selten war es auch Unrecht.

In diesem Buch möchten wir Sie auf eine Zeitreise mitnehmen. Deshalb beschränkt sich die Auswahl der Gerichte und Gefängnisse nicht nur auf die aktuell als solche genutzten. Frühere Justizgebäude dienen heute ganz anderen Zwecken, ob als Hotel oder Wohnung, Atelier, Drehort oder Gedenkstätte. Und mögen all die Gebäude noch so sehr von außen die Kaiserzeit spiegeln: Hinter der Fassade erzählen sie dann doch wieder von der aufregenden Welt nach 1918. Berlin kann einfach nicht anders. Lassen Sie uns gemeinsam lauschen!

BERLINER GERICHTE

Fast wäre es um das Kammergericht geschehen gewesen. Als die Alliierten 1945 über den Gerichtsaufbau im Nachkriegsberlin streiten, soll der Name Kammergericht verschwinden und stattdessen ein Oberlandesgericht – wie überall sonst in Deutschland üblich – eingerichtet werden. Berliner Richter kämpfen unermüdlich für den historischen Namen, bemühen auch die eine oder andere Anekdote aus der reichen Geschichte des ältesten deutschen Gerichtes. Bis ein texanischer Gerichtsoffizier entnervt aufgibt und vermerkt: »Kammergericht – ok.«

Das Oberlandesgericht in Berlin heißt also immer noch Kammergericht. Wie schon zur Kaiserzeit. Im Kammergerichtsbezirk Berlin, der mit den Grenzen des Landes Berlin identisch ist, gibt es heute ein Landgericht und elf Amtsgerichte. In Berlin verteilen sich einzelne Gerichte aber gelegentlich auf mehrere Gebäude und Standorte, und manchmal sind in einem Gerichtsgebäude auch verschiedene Gerichte untergebracht. Das Amtsgericht Schöneberg zum Beispiel hat seinen Sitz nicht nur in der Grunewaldstraße, sondern zusätzlich noch im Gebäude des ehemaligen Amtsgerichts Lichtenberg. Und will man zum Amtsgericht Mitte, landet man im gleichen Gebäude, in dem auch das Landgericht Berlin zu Hause ist. Zumindest ein Teil des Landgerichts. Denn das Landgericht Berlin hat drei Dienststellen: Es sitzt nicht nur in der Littenstraße, sondern auch noch am Tegeler Weg und in der Turmstraße, im Kriminalgericht Moabit.

Es wird also manchmal etwas unübersichtlich, wenn man von Gerichten in Berlin spricht. Das liegt in erster Linie an der Doppelbedeutung des Begriffs Gerichts, der zum einen die Institution bezeichnet, zum anderen natürlich ein konkretes Gebäude. Aber auch die Verteilung der Zuständigkeiten der Amtsgerichte und des Landgerichts in Berlin macht es einem nicht leicht. Bei der Zuständigkeit eines Gerichts wird zwischen der räumlichen und der sachlichen Zuständigkeit unterschieden. Jedes Amtsgericht hat einen räumlichen Zuständigkeitsbereich, der Gerichtssprengel oder Gerichtsbezirk genannt wird. Mit den Verwaltungsbezirken von Berlin stimmen sie nur ausnahmsweise überein. Das Amtsgericht Neukölln zum Beispiel ist ausschließlich für den Bezirk Neukölln zuständig, während der Gerichtssprengel des Amtsgerichts Lichtenberg nicht nur Lichtenberg umfasst, sondern auch Marzahn-Hellersdorf. Und das Amtsgericht Mitte wiederum ist gar nicht für den gesamten Bezirk Mitte zuständig, dafür aber noch für den Prenzlauer Berg, der ja eigentlich zu Pankow gehört.

Die Gerichtssprengel und die Namen der Amtsgerichte haben sich eigenständig neben der Verwaltungsgliederung von Berlin entwickelt. Kurz nach dem Zweiten Weltkrieg gab es den Versuch, jedem der damals 20 Verwaltungsbezirke ein eigenes Amtsgericht zu geben. Das war zwar schön übersichtlich, aber nicht sehr effizient. Und so ging man schon nach wenigen Monaten dazu über, die Amtsgerichtsbezirke langsam wieder zusammenzulegen. Bis heute hält dieser Trend zur Zusammenlegung und Vereinfachung an. Im August 2021 wurden zum Beispiel alle Doppelnamen in den Gerichtsbezeichnungen gestrichen.

Wie schnell man in Berlin bei den Gerichten durcheinanderkommen kann, zeigt eine Biographie über Klaus Wowereit. Dort wird behauptet, der ehemalige Regierende Bürgermeister habe seinen Referendardienst beim Amtsgericht Tempelhof-Schöneberg geleistet. Das hat es aber nie gegeben. Nur das Amtsgericht Tempelhof-Kreuzberg. Das heißt jetzt zum Glück nur noch Amtsgericht Kreuzberg. Und das ist auch gut so.

In Berlin ist es zusätzlich üblich, sachliche Zuständigkeiten bei einzelnen Amtsgerichten zu konzentrieren. Grundsätzlich ist ein ordentliches Gericht nur für die Zivilrechts- und Strafsachen in seinem Gerichtsbezirk zuständig. Alle Regelinsolvenzen in Berlin sind aber beispielsweise beim Amtsgericht Charlottenburg angesiedelt. Wenn also ein Berliner Unternehmen pleitegeht, dann ist für die Durchführung des Insolvenzverfah-

rens immer Charlottenburg zuständig, unabhängig davon, in welchem Bezirk das Unternehmen seinen Sitz hat. Für alle zivilrechtlichen Verkehrssachen in ganz Berlin ist das Amtsgericht Mitte zuständig, was ihm den hübschen Spitznamen »Blechkammer« eingebracht hat. Und Familienrechtsstreitigkeiten konzentrieren sich in Berlin auf lediglich vier Amtsgerichte. Das größte dieser Familiengerichte ist beim Amtsgericht Kreuzberg beheimatet.

Die auffälligste Konzentration betrifft aber die Zuständigkeit in Strafsachen. Für alle Strafsachen in Berlin ist nämlich ausschließlich das Amtsgericht Tiergarten zuständig und kein anderes Berliner Amtsgericht. Dafür macht das Amtsgericht Tiergarten auch gar nichts anderes. Seine zivilrechtlichen Zuständigkeiten werden alle vom Amtsgericht Mitte übernommen.

Das Amtsgericht Tiergarten hat daher seinen Sitz im Kriminalgericht Moabit, zu dem auch verschiedene Nebengebäude gehören. Gleichzeitig sitzen im Kriminalgericht die Strafkammern des Landgerichts Berlin. Das Kriminalgericht ist keine Institution der ordentlichen Gerichte. Es bezeichnet lediglich das Gebäude, in dem eben nur Strafsachen verhandelt werden, entweder auf der Ebene eines Amtsgerichts oder auf der Ebene eines Landgerichts. Zivilrechtliche Verhandlungen auf der Ebene des Landgerichts finden in Berlin hingegen in zwei

anderen Gebäuden statt: dem Gerichtsgebäude in der Littenstraße und dem Landgericht am Tegeler Weg. Das alles ändert nichts daran, dass es institutionell nur ein Landgericht in Berlin gibt. Zum Vergleich: In Brandenburg gibt es vier Landgerichte.

Neben der ordentlichen Gerichtsbarkeit, wie sie schon 1877 geregelt wurde, mit ihren Zuständigkeiten für Zivil- und Strafsachen, haben sich nach der Kaiserzeit in Deutschland noch besondere Gerichtsbarkeiten herausgebildet. Bereits 1927 wurden eigenständige Arbeitsgerichte gegründet, die für die vielfältigen Beziehungen zwischen Arbeitnehmern und Arbeitgebern zuständig sind. Verwaltungsgerichte wiederum gab es zum Teil auch schon in der Kaiserzeit, insbesondere das berühmte Preußische Oberverwaltungsgericht in Berlin. Eine eigenständige Verwaltungsgerichtsbarkeit wurde aber in Deutschland bzw. der Bundesrepublik erst verbindlich nach dem Zweiten Weltkrieg eingerichtet. Genauso wie Sozialgerichte und Finanzgerichte. In der DDR hingegen gab es diese eigenständigen besonderen Gerichtsbarkeiten nicht.

Während die ordentlichen Gerichte auf Landesebene dreistufig aufgebaut sind, gibt es bei Arbeits-, Verwaltungs- und Sozialgerichten nur zwei Stufen, bei den Finanzgerichten sogar nur eine Stufe. Für jeden der fünf Gerichtszweige gibt es aber zusätzlich noch ein Bundesgericht.

Der Justiz wird ja oft vorgeworfen, sie sei behäbig und nicht besonders progressiv. In Bezug auf eine mögliche Fusion der Länder Brandenburg und Berlin ist die Justiz aber geradezu vorbildlich der Zeit voraus. Bereits 2004 wurde die Einrichtung gemeinsamer Fachobergerichte zwischen den beiden Ländern beschlossen. Damit sind die Gerichte der besonderen Gerichtsbarkeit gemeint. Das Landesarbeitsgericht und das Oberverwaltungsgericht in Berlin sind dadurch mittlerweile auch für Brandenburg zuständig. Dafür gibt es in Berlin kein Landessozi-

algericht mehr. Das hat den gemeinsamen Sitz nun in Potsdam. Und ein Finanzgericht ist gänzlich aus Berlin verschwunden. Das einzige Gericht der Finanzgerichtsbarkeit beider Länder befindet sich in Cottbus.

Kein Grund traurig zu sein – es gibt noch genug Gerichte in Berlin. Auch wenn zum Beispiel kein Bundesgericht in Berlin seinen Sitz hat. Das war nicht immer so. Berlin war die Heimat des Bundesverwaltungsgerichts, bevor es 2002 nach Leipzig umzog. Auch ein Teil des Bundesgerichtshofs war einmal in Berlin zu Hause. In Ost-Berlin gab es zudem das Oberste Gericht der DDR. Und auch das Reichsmilitärgericht befand sich in Berlin, bis die Militärgerichtsbarkeit abgeschafft wurde. Übrigens nicht in der DDR. Bis 1990 gab es in Ost-Berlin ein Militärobergericht. Es saß in dem Gerichtsgebäude in der Littenstraße.

Alle aktuellen Gerichtsgebäude in Berlin werden in diesem Buch behandelt. Hinzu kommt eine Auswahl an Orten, die einmal Sitz eines Gerichts waren und heute anders genutzt werden. Nicht alle Gebäude sind passend mit dem Begriff »Justizpalast« beschrieben. Aber doch die allermeisten. Deshalb soll es hier vor allem um die spezielle Schönheit der Gebäude gehen und um ihre Wirkung. Dabei muss man nicht gleich in Ehrfurcht erstarren, obwohl das dem Staat damals schon ganz recht gewesen wäre: »Das Gerichtsgebäude ist eine Art Gerechtigkeitstempel, und es verlangt vom Beschauer eine widerspruchslose Verehrung der Funktion und Idee, die […] einschüchternd und betäubend als Macht in Erscheinung tritt. Das Imponieren, darauf kommt es jetzt an.« – So lautete die Maxime der Kaiserzeit. Auf Gerechtigkeit kam es dann doch nicht immer an. Und genug Widerspruch haben die Gerichte sicher provoziert. Aber heute imponiert es tatsächlich, mit welcher Liebe zum Detail und zur Ästhetik die alten Gerichte gestaltet worden sind. Einschüchtern braucht man sich davon nicht mehr zu lassen.

RICHTER UND KÖNIGE

DAS KOLLEGIENHAUS

Justizminister Samuel von Cocceji ist nicht zufrieden. Der Schlendrian hat sich breitgemacht. Cocceji ermahnt die Richter am Kammergericht zu »gebührendem Fleiß« und »dem präzisen Anfang der Sitzung 8.00 morgens bei 8 guten Groschen Strafe«. Das war 1738.

Möglicherweise hatten sich die Richter nur noch nicht richtig an ihren neuen Arbeitsplatz gewöhnt. Pünktlich zu erscheinen hatten sie nämlich zu dieser Zeit im Kollegienhaus, am Rand der Berliner Friedrichstadt. Der Architekt Philipp Gerlach hatte es 1735 für das Kammergericht und andere rechtsprechende Institutionen des Hofes, die Kollegien, errichtet. Es ist eines der ersten echten Gerichtsgebäude in ganz Deutschland. Das zweistöckige Haus mit seinem sonnengelben Anstrich und der harmonisch-dezenten barocken Form wirkt eher wie eines der vielen Stadtpalais, für die der Architekt sonst vor allem verantwortlich war. Eine kleine Rampe führt zum Eingang, darüber ein Balkon mit den Initialen des Bauherrn: Friedrich Wilhelm I., der hier jeden wissen ließ, dass ihm nicht nur Soldaten, sondern auch Richter wichtig waren. Auf dem Dach liegen zwei Sandsteinfiguren, die Barmherzigkeit und Gerechtigkeit symbolisieren sollen.

Das Kammergericht als Institution war aber deutlich älter als das Kollegienhaus. Es geht auf das Jahr 1468 zurück und ist damit das älteste Gericht Deutschlands, das noch immer besteht. Auch wenn sich seine Funktion und seine Zuständigkeit immer wieder gewandelt haben. Zu Beginn ist es ein Hofgericht, das »in des Herren Kammer« tagt. Der »Herr«, also der Kurfürst, hat direkten Einfluss auf die Rechtsprechung. Aber das ändert sich. Besonders, als das Gericht auch räumlich von seinem »Herrn«, der nun der König ist, getrennt wird. Im Laufe der Zeit erwirbt sich das Kammergericht Ruhm und Ansehen weit über juristische Kreise und Berlin hinaus. Es wird zum Inbegriff unabhängiger richterlicher Kontrolle über staatliches Handeln. Die berühmteste Geschichte um das Kammergericht ist dennoch vermutlich nur eine Legende: Ein Müller in Sanssouci gerät mit Friedrich dem Großen in Streit, weil der sich von der Mühle des Müllers gestört fühlt. Der Müller wehrt sich gegen die Angriffe des Königs mit dem lakonischen Hinweis: »Ja, wenn das Kammergericht in Berlin nicht wäre.« Damit hatte sich die Auseinandersetzung erledigt.

1913 zieht das Kammergericht in ein neues Gebäude am Kleistpark. Das Kollegienhaus wird im Zweiten Weltkrieg bis auf die Umfassungsmauern zerstört und soll abgerissen werden. Bürgerproteste verhindern das. In den 1960er Jahren wird das älteste Gerichtsgebäude der Stadt dann wiederhergerichtet und zur Heimat des Berlin-Museums. Bei der Restaurierung erlaubt man sich einen subtilen Witz an der Fassade: Über den

obersten Fenstern schmücken vier Reliefs den Bau. Sie zeigten ursprünglich die Köpfe bedeutender Männer der römischen Antike, darunter den Rechtsgelehrten Dorotheus. Schaut man sich DORO THEUS, wie es da geschrieben steht, genauer an, kommt einem der Kopf doch verdächtig neuzeitlich vor. Tatsächlich: Es ist das bekannte Profil von Theodor Heuss. Zwar kein Rechtsgelehrter, aber immerhin der erste Bundespräsident und Förderer der Berliner Museumslandschaft. Die heutige Nutzung des alten Kollegienhauses als Teil des Jüdischen Museums hätte ihm sicherlich auch gut gefallen.

Nach dem Tod von Samuel von Cocceji, dem so viel an der Pünktlichkeit der Richter gelegen war, ließ der König eine Marmorbüste von ihm anfertigen und stellte sie im Hof des Kollegienhauses auf. Sie hat die Zeiten überdauert. Heute steht sie im Büro des Präsidenten des Kammergerichts – und bereitet wahrscheinlich jedem ein schlechtes Gewissen, der nach acht Uhr im Büro ankommt.

Lindenstraße 14, 10969 Berlin

DER MÜLLER UND DAS KAMMERGERICHT

Während die Sache mit dem Sanssouci-Müller so wahrscheinlich nie passiert ist, gibt es tatsächlich eine gut dokumentierte Geschichte um das Kammergericht, den König und einen Müller: Wassermüller Arnold ist im Clinch mit einem Gutsbesitzer, der ihm das Wasser abgegraben hat. Arnold wendet sich schließlich an Friedrich II., der auch zu der Auffassung kommt, dass dem Müller übel mitgespielt worden ist. Das Kammergericht, bei dem die Sache zu entscheiden ist, sieht das anders. Mehrere Hinweise und Drohungen lassen die Richter nicht von ihrer Meinung abweichen. Daraufhin lässt der König sie alle verhaften und quartiert sie in der Festung Spandau ein. Vermutlich lag der König mit seiner Ansicht über den Fall Müller Arnold sogar richtig. Die unbeugsamen Kammergerichtsräte wurden trotzdem zum Sinnbild für die Unabhängigkeit des Gerichts.

BAUMEISTER DES RECHTS

Amtsgericht Köpenick, um 1901

Gerechtigkeitstempel, Justizpaläste oder Kathedralen des Rechts – bei solchen Namen ist klar, um was es bei den Gerichtsbauten der Kaiserzeit ging: Sie sollten nicht allein zweckmäßig sein, sondern genauso prachtvoll. Und dafür wurde in Preußen nichts dem Zufall überlassen.

Nach der Reform durch die Reichsjustizgesetze waren zahlreiche Gerichtsgebäude neu zu bauen. Die Umsetzung der Neubauten war aber nicht Sache des Reichs, sondern der einzelnen Bundesstaaten. In Preußen übernahm diese Aufgabe ein eigenes Referat beim Ministerium für öffentliche Arbeiten. Es kümmerte sich nur um Justizbauten im größten Staat des Deutschen Reiches. Und im Ministerium setzte sich die Auffassung durch, dass bei den Gerichten »der Grundsatz altpreußischer Sparsamkeit in seiner ganzen Strenge nicht mehr als allein maßgebend angesehen« werden sollte, wie die Behörde fast schon entschuldigend formulierte.

Zuständig für die Gerichtsbauten im Großraum Berlin und in Westpreußen ist ab 1892 der Architekt und Baubeamte Paul

Thoemer, gemeinsam mit seinem engsten Mitarbeiter Rudolf Mönnich. Da es aufs Geld nicht mehr ankommt, können beide gestalterisch aus dem Vollen schöpfen. Immerhin geht es um Gebäude, in denen im Namen des Königs Recht gesprochen werden soll. Von außen symbolisieren nun Türme und Kuppeln auf den Gerichten den Machtanspruch, innen geben aufwendig, oft verschwenderisch gestaltete Treppenhäuser und Decken Würde. Dabei hilft, dass der architektonische Zeitgeist vom Historismus geprägt ist. Puristisch musste nichts sein. Man kann sich schamlos an früheren Baustilen bedienen und sie nach Belieben neu kombinieren.

Ehrfurchtsvoll sollte es in den Gerichten zugehen, in denen Richter und Anwälte dem Recht zu dienen und alle anderen das Recht zu respektieren hatten. Aber es greift zu kurz, den Gebäuden eine reine »Einschüchterungsarchitektur« vorzuwerfen. Die Justizarchitektur der Kaiserzeit verkörpert vor allem den Stolz auf die Einheit des Reiches und die bürgerlichen Errungenschaften des Rechts im 19. Jahrhundert. Die Gerichtsbauten

Landgericht Tegeler Weg, um 1906

sollten zum selbstbewussten Sinnbild einer geeinten Nation werden.

Thoemer und Mönnich mussten viel und zügig bauen. Sie griffen daher auf ein gestalterisches Baukastensystem zurück. Besonders beliebt war der Barockstil. Der stand für Macht und wurde zum Beispiel für die Amtsgerichte in Schöneberg, Pankow oder Lichtenberg verwendet. Ebenso gern genommen: der Stil der Renaissance, die für Pathos stand, wie bei den Amtsgerichten in Neukölln, Köpenick oder Lichterfelde. Gelegentlich erlaubte man sich Ausreißer, wie beim romanischen Stil des Landgerichts am Tegeler Weg. Thoemer und Mönnich legten auch immer Wert darauf, das Gericht harmonisch in die nähere Umgebung einzubetten. Ein Hinweis, dass die Architektur nicht bewusst Einschüchterung provozieren sollte.

Auch die Aufteilung der Gerichtsräume folgte der preußischen Baukastenanleitung, die man je nach Größe und Grundfläche des Baulands umsetzte. Es gab genaue Vorgaben für die Größe der Säle und der Flure, Mindesthöhen für Decken und eine bevorzugte Ausrichtung von Fenstern, damit Richter und Staatsanwälte nicht vom Licht geblendet wurden.

Allein bei der schmückenden Innengestaltung konnten sich die Architekten etwas ungehemmter entfalten, hatten da aber die Art des Gerichts zu beachten: Bei Landgerichten musste sie üppiger erfolgen, bei Amtsgerichten sollte sie in der Regel bescheidener ausfallen. Oft übertrug man spezielle Aufgaben auch an weitere Mitarbeiter, wie im Fall des großen Justizpalastes in der Littenstraße, bei dem Otto Schmalz für die Innenarchitektur verantwortlich war. Überhaupt gilt: Thoemer

Amtsgericht Pankow, um 1906

und Mönnich haben nicht allein die Gebäude entworfen. Nicht immer sind die anderen Beteiligten aus der Baubehörde namentlich bekannt. Aber bei vielen Gerichtsgebäuden, für die Paul Thoemer die Hauptverantwortung trug, ist eine klare Handschrift zu sehen. Es ist davon auszugehen, dass der talentierte Architekt zumindest sehr genaue Vorgaben machte. Paul Thoemer hat für Preußen die unglaubliche Zahl von über 300 Gerichtsgebäuden entworfen. Er ist *der* Baumeister des Rechts der Kaiserzeit.

Im selben Jahr, in dem der Kaiser abdankt, stirbt Paul Thoemer. Vier Jahre später ist auch Rudolf Mönnich tot. Alle ihre Gerichte sind erhalten geblieben und prägen bis heute die Justizlandschaft von Berlin.

Geehrt mit einer eigenen Straße wurde aber nur Rudolf Mönnich. Angeblich. Die Friedrichstraße in Lichtenberg sollte 1938 nach ihm umbenannt werden. Irgendwas muss schiefgegangen sein. Die Straße heißt heute nämlich Wönnichstraße.

DIE ZEIT DES SEEPFERDCHENS

KAMMERGERICHT

Die Uhr ist der stille Star im Kammergericht. Nein, nicht die berühmte, zwei Meter große Standuhr von 1790 mit der goldenen Justitia, die sich im Zimmer des Kammergerichtspräsidenten versteckt. Die Uhr im Foyer ist die eigentliche Attraktion. Schwimmbadgefühle kommen auf. Denn ein Seepferdchen zeigt hier die Zeit an.

Sonst erinnert natürlich nichts an ein Schwimmbad hier. Gediegen und vornehm will sich das Kammergericht präsentieren. Das gelingt ihm auch gut. Klein fühlt man sich in seinem Foyer, die Kuppel 25 Meter über dem Kopf, die lange Freitreppe genau im Blick. Wie eine Showtreppe auf der Bühne des Rechts steht sie da. Erreicht man über sie die oberen Etagen, verteilen dort kreisförmige Gänge die Flure und die Zimmer in alle Richtungen. Damit man nicht vergisst, auf welcher der drei Etagen man sich gerade verliert, sind zum Glück die Wandfliesen in jedem Stock anders gefärbt. Über 500 Räume soll es hier geben. Man glaubt es und freut sich, nicht nachzählen zu müssen.

1913 ist das Kammergericht eröffnet worden. Als neues Heim für das älteste Gericht Deutschlands. Es ist der letzte große Gerichtsbau der Kaiserzeit und die letzte gemeinsame Arbeit des preußischen Architektenduos Thoemer und Mönnich in Berlin. Der Neobarockbau ist ein Gesamtkunstwerk mit dem angrenzenden Kleistpark, der zur selben Zeit angelegt wurde. Für die passend herrschaftliche Einstimmung auf das Gericht sorgen von der Parkseite die Königskolonnaden. Man hat ihnen hier ein würdevolles zweites Leben geschenkt. Vorher schmückten sie den Weg zum Alexanderplatz.

Einen Blick auf den Park hatte auch der Kammergerichtspräsident von seiner Wohnung. Sie galt als die schönste Dienstwohnung Preußens: eigener Aufzug, 16 Zimmer, 520 Quadratmeter. Und damit mehr als doppelt so groß wie der wichtigste Raum des Kammergerichts: der große Plenarsaal im ersten Stock. Fast ein halbes Jahrhundert wurde hier aber nicht Recht gesprochen, sondern große Politik gemacht. Zumindest manchmal. So wie 1971, als in dem Saal das Viermächteabkommen für Berlin unterzeichnet wurde, das Entspannung in die angespannte Zeit des Kalten Krieges brachte. 1945 war das Kammergericht aus seinem Gebäude geschmissen und der Bau zum Sitz des Alliierten Kontrollrats umfunktioniert worden. Amerikaner, Sowjets, Briten und Franzosen bestimmten von hier über das Schicksal Berlins. Lange waren sie nicht zu viert; schon 1948 verließen die Sowjets den Kontrollrat. Der Rest der Alliierten blieb. Bis 1990.

TRIBUNAL IM KAMMERGERICHT

Im Plenarsaal des Kammergerichts beginnt im August 1944 der Prozess des Volksgerichtshofs gegen die »Verschwörer« des 20. Juli 1944. Der Saal ist groß genug, um den gewünschten Schauprozess bestens in Szene zu setzen. Hunderte Zuschauer sind regelmäßig dabei, wenn die Angeklagten beschimpft, verhöhnt und zum Tode verurteilt werden. Meist werden sie gleich nach dem Urteil zur Hinrichtungsstätte nach Plötzensee gebracht und unverzüglich gehängt. Heimlich werden die Prozesse aufgezeichnet, damit Hitler sich ein Bild machen kann. In den siebziger Jahren werden die Aufnahmen in bundesdeutschen Kinos gezeigt. Und das Entsetzen ist groß. Auch weil in der Bundesrepublik kein einziger Richter wegen seiner Urteile in der NS-Zeit zur Verantwortung gezogen worden ist. Im Oktober 1945 nimmt ein anderer Prozess im Plenarsaal des Kammergerichts seinen Anfang: der Prozess des Internationalen Militärgerichtshofs gegen die NS-Hauptkriegsverbrecher. Er wird dann in Nürnberg fortgesetzt.

Und nahm nicht mehr als 20 Räume in dem riesigen Haus ein. Zu viert blieben bis heute aber die Fahnenstangen am Balkon des Plenarsaals. Sie stehen sogar unter Denkmalschutz. Genauso wie andere versprengte Spuren aus der Zeit als Kontrollratsgebäude: die alte Termintafel im Foyer, eine Feuerlöschermarkierung und ein sauber in den Putz geritzter Schriftzug, der einem auf dem Weg nach draußen ins Auge springt. »Rugged« steht da geschrieben, womit man auf Englisch all die Dinge bezeichnen kann, die stabil gebaut sind und viel aushalten müssen. Damit wäre ja nicht nur das Kammergericht ganz gut beschrieben, sondern eigentlich ganz Berlin.

Aber was hat es mit dem Seepferdchen auf sich? Liegt darin eine Allegorie versteckt? Tatsächlich war das Seepferdchen lediglich das Wappentier der amerikanischen Armeeeinheit, die das Gebäude nach dem Krieg restaurierte und sich hier originell verewigt hat. Es war nur das Zeichen für eine neue Zeit.

Elßholzstraße 30–33, 10781 Berlin

ALLIED CONTROL

TANZLOKAL UNTERM STERNENHIMMEL

GERICHTSGEBÄUDE LITTENSTRASSE

»Ein tolles Haus«, schwärmt Gabriele Tergit und freut sich über die »Atmosphäre eines Tanzlokals mit schwingenden Treppen, Rokokogeländer und Rosenblüten«. Tergit ist vielbeschäftigte Gerichtsreporterin in der Weimarer Republik und kennt sich aus in Berlins Gerichten. Aber ein Tanzetablissement, wie passt das zu einem Justizbau der Kaiserzeit? Manches ist besonders an diesem Gericht, das 1904 unter der prosaischen Bezeichnung »Geschäftshaus für das Land- und Amtsgericht Berlin I« fertiggestellt wurde. Es ist ein gewaltiger Bau. Das einzige Gericht in Berlin, von dem man auch offiziell nur als Justizpalast sprach. Locker überholte man den Reichstag an Fläche. Nur das Stadtschloss war größer in Berlin. Die dritte Gewalt im Staat sollte würdig repräsentiert werden, innen wie außen.

Heute fehlt etwa ein Drittel des Gebäudes. Zur Grunerstraße hin stand mit zwei Türmen und imposantem Eingangsbereich der Nordflügel. Nicht der Krieg ließ ihn verschwinden. Zwar beschädigt, wurde das Gebäudeteil zunächst vereinfacht instandgesetzt, bis die Straßenplanung im Ost-Berlin der späten 1960er Jahre ihm den Garaus machte. Verschwunden ist auch fast der komplette Bauschmuck der Fassade. Zwei kleine Reliefs über dem heutigen Haupteingang in der Littenstraße sind geblieben. Tiere halten hier Gericht ab. Eine Gans ist ermordet worden. Reineke Fuchs wird als Täter erkannt und zum Galgen geführt.

Betritt man das Treppenhaus, ist man in der Welt von Baurat Otto Schmalz. Paul Thoemer und Rudolf Mönnich hatten

das Gericht entworfen. Es war der Beginn ihrer fruchtbaren Zusammenarbeit in Berlin. Die Bauausführung übertrugen sie aber Otto Schmalz und ließen ihm besonders bei der Innengestaltung freie Hand. Und Schmalz tobte sich aus. Kein Gericht in Berlin – und kaum ein anderes Gebäude der Stadt – hat eine vergleichbar einnehmende und begeisternde Wirkung. Eine bunte Mischung aus barocken Formen und Jugendstil, voll filigraner, floraler Elemente und diverser märkischer Rittergestalten prägt die Haupthalle. Wenn jetzt noch der Sternenhimmel mit Sonne, Planeten, Sternzeichen, den Jahreszeiten und den Elementen an der Decke erhalten wäre, würde man die Eingangshalle gar nicht mehr verlassen wollen. Schmalz musste sich aber auch Kritik gefallen lassen: Zu verspielt und der Würde eines Gerichts nicht angemessen sei seine Gestaltung. Eingeschüchtert und klein gemacht wird man in dieser hellen Halle tatsächlich nicht.

Einschüchternd sind eher die verwirrend vielen Gänge, Treppen und Räume. Ein paar Zahlen: Mehr als fünf Kilometer lang zogen sich früher die Gänge durch das Gebäude. Etwa 70 Säle und 22 Wartehallen, 58 Toiletten für die Beamten und immerhin noch 26 für das Publikum standen bereit. Und es gab 3.000 Fenster, die entscheidend für die Nummerierung waren. Denn nicht die Räume selbst, sondern die Fensterachsen bekamen Nummern. Wenn ein großer Raum zwei Fensterachsen beinhaltete, hatte er auch eine Doppelnummer. Und nach Meinung der Architekten war mit Raumbezeichnungen wie »Portal 4. II. 177/179, Wartehalle 16« jedes Missverständnis ausgeschlossen. Auch heute kann man sich noch leicht im Gebäude verlaufen. Vor allem sollte man nicht die Quergänge 1 und 2 sowie die Innenhöfe 1 bis 3 suchen. Die sind 1969 ersatzlos verschwunden.

Zu DDR-Zeiten waren das Stadtgericht Berlin, zwei Stadtbezirksgerichte, seit den 1970er Jahren auch das Militärobergericht und das Oberste Gericht der DDR in dem Gebäude untergebracht. Aus dieser Zeit stammt der gigantische Leuchter, der vom ehemaligen »Sternenhimmel« hängt. Die alte Kantine mit Festsaal und Bar gibt es dagegen nicht mehr. Im Mai 2021 hat aber zum Glück eine neue Gerichtskantine eröffnet. Und für ein Feierabendbier braucht man vom Gericht nur quer über die Straße zu gehen. Dort liegt das Restaurant »Zur Letzten Instanz«, dessen Geschichte bis ins 16. Jahrhundert zurückgeht. Seinen heutigen Namen hat es sich aber erst nach der Eröffnung des Gericht s zugelegt. Sicherlich ist auch Gabriele Tergit nach dem Besuch des »Tanzlokals« hier einmal eingekehrt.

Littenstraße 12–17, 10179 Berlin

DER ANWALT DER ROTEN HILFE

Hitler kocht vor Wut. Anwalt Hans Litten hat ihn in die Mangel genommen. Hatte die NSDAP-Führung den SA-Überfall auf das Tanzlokal »Eden« mitorganisiert? Hitler muss als Zeuge im Kriminalgericht aussagen, einen ganzen Tag lang. Zunächst ist er ruhig, dann nervös, am Ende schreit er, so Litten, wie eine »hysterische Köchin«. An diesem 8. Mai 1931 hat Hans Litten, Anwalt der kommunistischen Organisation »Rote Hilfe«, sein Todesurteil unterschrieben. Schon in der Nacht des Reichstagsbrandes wird er in Haft genommen. Nach fünf Jahren schwerer Misshandlungen nimmt er sich am 5. Februar 1938 das Leben. 1951 wird die Neue Friedrichstraße in Littenstraße umbenannt. 2001 eröffnet neben dem Gericht das Hans-Litten-Haus für die juristischen Berufsverbände. Und die Serie *Babylon Berlin* setzt ihm ein filmisches Denkmal.

SCHLACHT VORM GERICHT

LANDGERICHT TEGELER WEG

Als der Steinhagel auf die Polizisten niederprasselt, müssen sie in Deckung gehen. Ihre Tschakos, die damals übliche Kopfbedeckung aus festem Stoff, bietet keinen Schutz. Eine derartige Gewalt hat keiner von ihnen erwartet. 400 Mann hat die Polizei aufgeboten, um das Landgericht am Tegeler Weg zu schützen. Auf der anderen Seite stehen etwa 1.000 Studenten. Ausgestattet mit Helmen, bewaffnet mit Pflastersteinen und unterstützt von einigen gewalterprobten Rockern, wollen sie das Landgericht stürmen. Am Morgen dieses 4. November 1968 beginnt dort der Prozess gegen Horst Mahler, den Anwalt der Studentenbewegung. Ihm droht die Entziehung der Anwaltszulassung wegen seiner vermeintlichen Rädelsführerschaft bei den Demonstrationen gegen den Springer-Verlag. Während drinnen verhandelt wird, eskaliert draußen die »Schlacht am Tegeler Weg«. Vor allem die Polizei beklagt zahlreiche Verletzte. »Aufgepeitschte Jugendliche üben Terror aus. In ihren Gesichtern blanker Hass«, titelt am nächsten Tag die *B.Z.* Ein Ziel bleibt den Demonstrierenden allerdings verwehrt: In das Gebäude eindringen können sie nicht. Die Festung am Tegeler Weg hält ihnen stand.

Das Landesgericht ähnelt tatsächlich eher einer wehrhaften Burg oder einer Kaiserpfalz aus dem frühen Mittelalter als einem Gerichtsgebäude. Von einem »eigenartigen Aussehen« schrieb damals das *Zentralblatt der Bauverwaltung* und meinte damit die romanischen Formen der Fassade. Als typisch für die kaiserlichen Gerichtsgebäude hatte bislang der Rückgriff auf Barock oder Renaissance gegolten, mit seltenen Ausflügen in die Gotik. Hier hatten die Architekten Paul Thoemer und Rudolf Mönnich also Neuland betreten. Nötig geworden war der Bau eines dritten Landgerichts durch die 1899 beschlossene Neuordnung der Gerichtsbarkeit für Berlin und Brandenburg. Nach fünf Jahren Bauzeit wurde am 1. Juli 1906 das Landgericht III Berlin-Charlottenburg eröffnet.

Geht man an der sitzenden Justitia vorbei ins Innere, beginnt das große Staunen und Suchen. Vom blauen Deckengewölbe strahlen Tausende Rosetten. Sollen diese dekorativen Rundelemente vielleicht Sprechblasen darstellen, die für die widerstreitenden Thesen in den Gerichtssälen stehen? Ein Motiv taucht immer wieder auf: Es sind Buchstaben, die den Begriff »Justitia« formen. Immer wieder spricht die Göttin der Gerechtigkeit das Recht.

Aber das ist erst der Anfang: An Wänden und vor allem auf den Säulenkapitellen im Foyer beginnt die fantasievolle Reise durch die Welt des Rechts mit Allegorien, Symbolen und Geschichten. In mittelalterlichen Kirchen wurden ähnliche Darstellungen bewusst als Bildungsprogramm für Analphabeten inszeniert. Und auch hier kann man viel lernen. An den Seiten des Foyers streiten Tugenden und Laster: Wahrheit, Recht und Liebe gegen Trug, List und Neid. Auf den Säulenkapitellen begegnen den Neugierigen die Begriffe »Veritas«, »Justitia« und »Iuramentum«. Wem bei Iuramentum auch das kleine Latinum nicht hilft, der wird belehrt durch die bildliche Darstellung der erhobenen Schwurhand: Eid! Auf anderen Säulenkapitellen fällt Salomon sein berühmtes Urteil, wird sprichwörtlich an den Paragrafen gezerrt, entfachen und löschen Teufel und Engel ein Feuer. Eine humorvolle Mischung aus Einführung in die Jurisprudenz, Lateinkurs und Detektivspiel. Die Lust an schmuckvoller Gestaltung geht in den Sälen weiter. Keiner gleicht dem anderen. Mal mit Holzdecke, mal mit einem Tonnengewölbe ausgestattet, wirken sie manchmal eher dunkelschwer, manchmal leicht und farbenfroh. Der größte Saal mit der Nummer 100 fällt mit seiner bunten Eingangstür, einer Adam-und-Eva-Skulptur und der roten Gewölbedecke besonders auf. In vielen Sälen sind die originalen Möbel, die handgemalten Wandverzierungen und die kunstvollen Schmiedearbeiten erhalten.

1933 wurden die drei Berliner Landgerichte institutionell zu einem Gericht mit Sitz in der Littenstraße verschmolzen. Arbeitsgericht, Bezirksamt oder Postamt waren zwischenzeitlich die Nutzer des Gebäudes, bis 1951 das Landgericht wieder zurückkehrte, zuständig für alle Zivilsachen in West-Berlin.

Im Gegensatz zu 1968 schafften es 2019 tatsächlich einige Aktivisten der Hausbesetzerszene bei Protesten auch ins Gebäude. Dabei erwischte die Justitia ein Farbbeutel: Sie trug nun für einige Zeit Lila. Überwiegend ist es aber ruhig und friedlich im Landgericht. Daher lädt ein neuer Gastronom seit 2021 auch die allgemeine Öffentlichkeit in die Landgerichtskantine ein. Auf dem bildreichen Weg dahin sollte man sich viel Zeit lassen.

Tegeler Weg 17–20, 10589 Berlin

KRAFT
MILDE
RECHT
PFLICHT
WAHRHEIT
TREUE

KRIEG OHNE ENDE

Sehr schnell reicht der Platz im Landgericht nicht mehr aus. 1912 erfolgt der erste Erweiterungsbau. Zu Beginn des Ersten Weltkriegs dann der Baustopp, da der Bauleiter Fattri als Freiwilliger auf die Schlachtfelder zieht. Aber sein Nachfolger kann 1915 das fertige Gebäude übergeben. Der Krieg findet sich auch im Gericht dargestellt: Vier Säulenkapitelle illustrieren den Kampf, die Rüstung, die Heimkehr und schließlich den Frieden. Bei Letzterem fehlt die komplette Jahreszahl. Zur Einweihung des Gebäudes 1915 war ein Kriegsende noch nicht absehbar. Nach dem Krieg hatte man anscheinend andere Sorgen. Sie ist bis heute unvollständig geblieben.

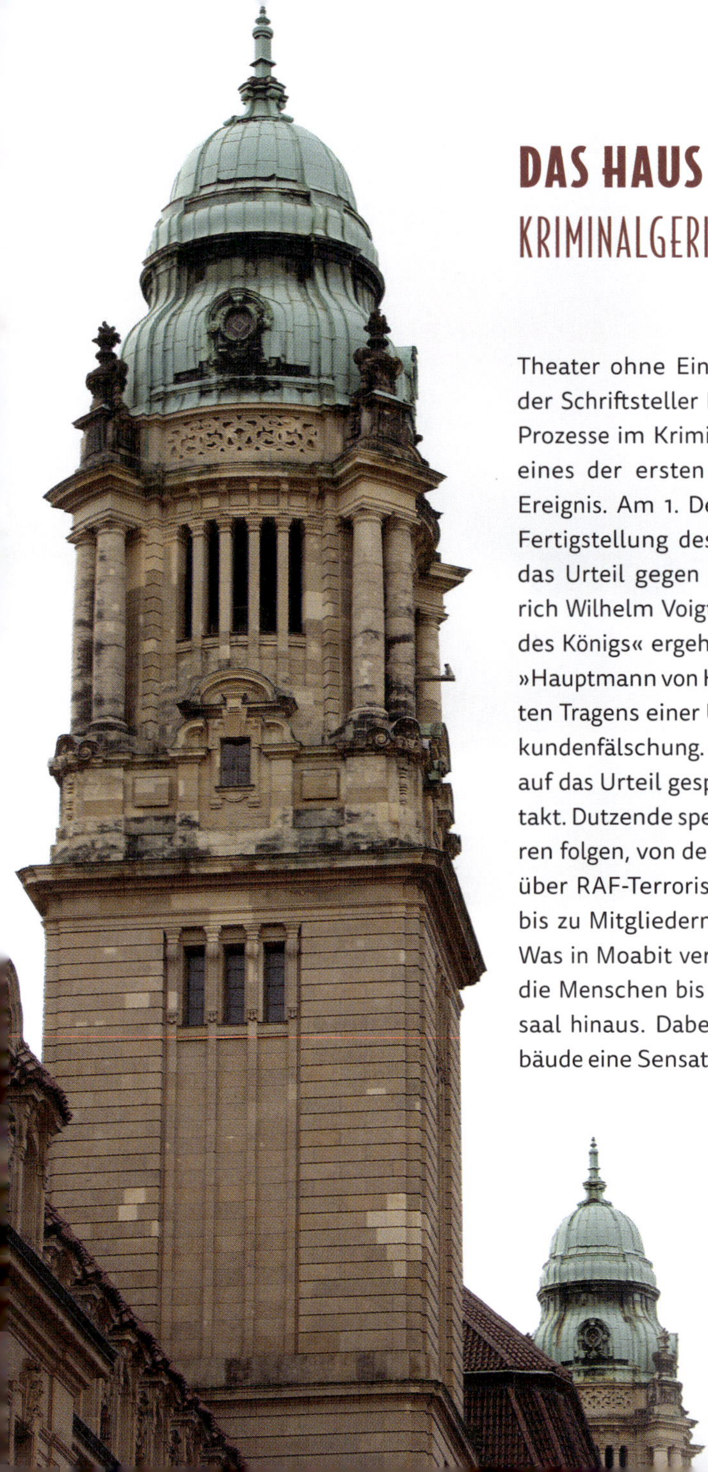

DAS HAUS DER GEHEIMEN GÄNGE

KRIMINALGERICHT MOABIT

Theater ohne Eintrittsgeld. So bezeichnet der Schriftsteller Felix Hollaender 1928 die Prozesse im Kriminalgericht Moabit. Schon eines der ersten »Theaterstücke« ist ein Ereignis. Am 1. Dezember 1906, kurz nach Fertigstellung des Gerichtsgebäudes, wird das Urteil gegen den Schuhmacher Friedrich Wilhelm Voigt gesprochen. »Im Namen des Königs« ergehen vier Jahre Haft für den »Hauptmann von Köpenick« wegen unbefugten Tragens einer Uniform und schwerer Urkundenfälschung. Ganz Preußen war damals auf das Urteil gespannt. Es war nur der Auftakt. Dutzende spektakuläre Gerichtsverfahren folgen, von den Einbrecherbrüdern Sass über RAF-Terroristen, DDR-Politprominenz bis zu Mitgliedern krimineller Clans heute. Was in Moabit verhandelt wird, interessiert die Menschen bis heute über den Gerichtssaal hinaus. Dabei ist allein schon das Gebäude eine Sensation.

Am 17. April 1906 wird der riesige Komplex eröffnet. 210 Meter lang ist die Front zur Torstraße, zwei große Türme und eine Kuppel mit einem großen Wasserbehälter krönen das Gebäude. Es ist das »neue« Kriminalgericht, denn einige Schritte weiter, an der Ecke Rathenower Straße/Alt Moabit, stand noch das »alte« Kriminalgericht. Das war zu klein geworden für die Strafverfahren der schnell wachsenden Millionenmetropole. Denn im Kriminalgericht werden bis heute alle Strafsachen in Berlin verhandelt, egal ob das Amtsgericht oder das Landgericht dafür zuständig ist. Eine »Justizfabrik« nannte Kurt Tucholsky dieses damals wie heute größte Strafgericht Europas. Zur Zeit der Eröffnung war es auch eines der modernsten Gebäude der Stadt, vollständig elektrifiziert und mit eigener Wasserversorgung sowie Telefonanlage ausgestattet.

Der Besucher gelangt nach Durchschreiten der Eingangstür mit wachender Justitia in die monumentale Mittelhalle, auch »Elefantenhalle« genannt. Hier fühlt man sich mehr wie in einer Kathedrale als einem Palast. Die Ehrfurcht vor Größe und Pracht lässt einen erst einmal eingeschüchtert auf den Boden schauen. Und da steht es: KCG. Wir sind im

Königlichen Criminal-Gericht. Von oben beobachten sechs große Allegorien die Besucher. Die obligatorische Justitia hat hier Gesellschaft bekommen von Religion, Streitsucht, Friedfertigkeit, Lüge und Wahrheit. Und an der Decke, in 29 Meter Höhe, lassen sich zwölf Tierkreiszeichen erkennen. Die geschwungene Treppe ermöglicht ständig wechselnde Einblicke in das labyrinthische Gefüge mit den langen gefliesten Fluren. Nur nach längerem Studium würde man sich hier zurechtfinden, meinte ein verzweifelter Journalist anlässlich der Eröffnung des Gebäudes.

Schnell zu finden sind aber die beiden großen holzvertäfelten Schwurgerichtsäle. Wären heute nicht die modernen Dolmetscheranlagen und die schusssicheren Anklageboxen, fühlte man sich zurückversetzt in die Zeit, als der Hauptmann von Köpenick vor Gericht stand. Sogar die Kaiserloge existiert in einem der Säle noch. Bemerkenswert sind die Türgriffe mit der Eule der Weisheit und dem allsehenden Auge.

In die meisten Säle führen unsichtbare Gänge und steile Treppen. Wie viele es sind und wo genau sie entlangführen, ist geheim. Sie treffen sich aber an einer Sammelstelle unter dem Gericht. Von hier aus geht es durch einen über hundert Jahre alten Tunnel direkt in die benachbarte Haftanstalt. Gefangene, die in Handschellen quer durch das Haus geführt werden, gibt es hier nicht. Kein Kontakt zu Zeugen, zur Öffentlichkeit und keine Fluchtmöglichkeit. Aber manchmal huschen Schatten durch die runden Glasfenster oberhalb der Flure. Dann ist mal wieder ein Gefangener auf der »Seufzerbrücke« unterwegs. Der einzige Hinweis auf das System der geheimen Gänge.

Da im Zweiten Weltkrieg das alte Kriminalgericht zerstört worden war, entstanden für das neue Kriminalgericht immer mehr Erweiterungsbauten. Die letzte Ergänzung ist ein Sicherheitssaal, dessen Bauteile mit Kränen in einen der historischen Höfe hineingehievt wurden. Er hat zehn Boxen mit Panzerglas und mehr Platz für Angeklagte und Anwälte – nötig für die großen Verhandlungen. Die Zahl der Strafverfahren liegt aktuell bei 60.000 im Jahr, Tendenz steigend. 340 Richtern, über 300 Staatsanwälte und weit über tausend Mitarbeiter müssen diese bewältigen. Ob große oder kleine Prozesse: Hier, wo der Name des Stadtteils schon zum Synonym für Strafverfolgung geworden ist, wird weiter Justizgeschichte geschrieben. Das pralle Leben in Moabit. Eben Theater ohne Eintrittsgeld.

Turmstraße 91, 10559 Berlin

KRIMINAL
GERICHT

LEX

Ausgang

Warteraum
299
PORTAL 6

REPORTER IM GERICHTSSAAL

»Nirgends spiegelt sich das öffentliche Leben derartig wider als an der Stätte, wo Frau Justitia mit Zepter und Waage ihres Amtes waltet. Unaufhörlich wechseln die Bilder. Bald ist es ein Lustspiel, bald ein erschütterndes Drama, bald gar eine Tragödie, die zur richterlichen Aburteilung gelangt.« (Hugo Friedländer, 1910)

Als die Gerichtsverfahren Mitte des 19. Jahrhunderts öffentlich und mündlich werden, wird es eng in den Gerichtssälen. Denn jetzt sind auch die Vertreter der Presse mit dabei. Im Gedränge bleibt es nicht aus, dass die ihre Mitschriften schon mal auf dem Rücken des Vordermannes verfassen müssen, bis das Kriminalgericht am Molkenmarkt ständig reservierte Tische für Journalisten bereitstellt. Hugo Friedländer ist der Erste, der mit seinen Reportagen aus den Berliner Gerichtssälen berühmt wird.

Vierzig Jahre schreibt er für verschiedene Zeitungen und etabliert einen neuen Berufsstand – den Gerichtsreporter. Für die Nachwelt hält er in zehn Bänden *Interessante Kriminal-Prozesse von kulturhistorischer Bedeutung* fest. Wortwörtlich zitiert Friedländer die widerstreitenden Kontrahenten und bringt so die Prozessabläufe einem breiten Publikum nahe. Der beilschwingende Vegetarier interessiert Friedländer ebenso wie eine mannstolle Gräfin, ein zersägter Oberstleutnant, ein falscher Hauptmann, der König der Falschspieler oder der Zopfabschneider, der es auf die langen Haare junger blonder Frauen abgesehen hatte.

Die große Zeit der Gerichtsreportage beginnt allerdings erst nach Friedländers Tod 1918. In der Weimarer Republik war die Öffentlichkeit süchtig nach Neuigkeiten, nach Schlagzeilen – und nach Geschichten aus den Berliner Prozesssälen. In vielen der mehr als hundert Tageszeitungen, die in Berlin verlegt wurden, gab es spezielle Gerichtsrubriken. Einige Gerichtsreporter erlangen weit über Berlin hinaus Bekanntheit. Allen voran Paul Schlesinger, bekannt unter dem Kürzel »Sling«. Sling schrieb von 1920 bis zu seinem frühen Tod 1928 für die *Vossische Zeitung*. Erfolgreich machte ihn nicht nur die Präzision seiner Beobachtungen, sondern vor allem seine Empathie: »Ich suche im Gerichtssaal die seelischen Beweggründe der auftretenden Personen, der Angeklagten, der Zeugen. Ich kann es auch nicht unversucht lassen, in die Herzen des Staatsanwalts und des Richters zu blicken. Das aufgenommen Bild erzeugt in mir Trauer, Empörung, Furcht, Mitleid, Verachtung, Heiterkeit, Spottlust, Liebe und Haß. Dann versuche ich, mein Gefühl nachzuschaffen, es dem Leser kenntlich zu machen.« Seine Reportagen offenbarten den Lesern unverblümt und authentisch die Machtverhältnisse und die sozialen Missstände der Zeit. Sie waren aber auch unterhaltsam und leicht lesbar. Keine komplizierte Juristensprache wie die seiner Kollegen. Sling beherrschte sie auch gar

VERSTECKTE FOTOS – GERICHTSFOTOREPORTER LEO ROSENTHAL

Fotografieren ist eigentlich verboten. Leo Rosenthal hat es trotzdem geschafft, seine Kamera mit in den Gerichtssaal zu schmuggeln. Ganz dicht bei ihm sitzt der Zeuge, der sich zum Überfall der SA auf den Tanzpalast »Eden« äußern soll. Rosenthal versteckt seine Kamera hinter dem Rücken seines Vordermannes. Dann schießt er seitwärts ein Foto des Zeugen – Adolf Hitler. Leo Rosenthal ist fotografierender Gerichtsreporter. Oft heimlich, manchmal geduldet, selten vom Vorsitzenden Richter genehmigt, sind seine Fotos bedeutende Zeugnisse der späten Weimarer Republik. Neben politischer Prominenz wie Hitler, Goebbels oder dem Berliner Bürgermeister Gustav Böß werden Dirnen, ein Naturmensch, die Einbrecher-Brüder Franz und Erich Sass oder ein Afrikaforscher mitsamt dem Fell eines Leoparden, der ein Kind zerfleischt hat, aufs Bild gebannt. Nicht immer scharf, aber immer authentisch.

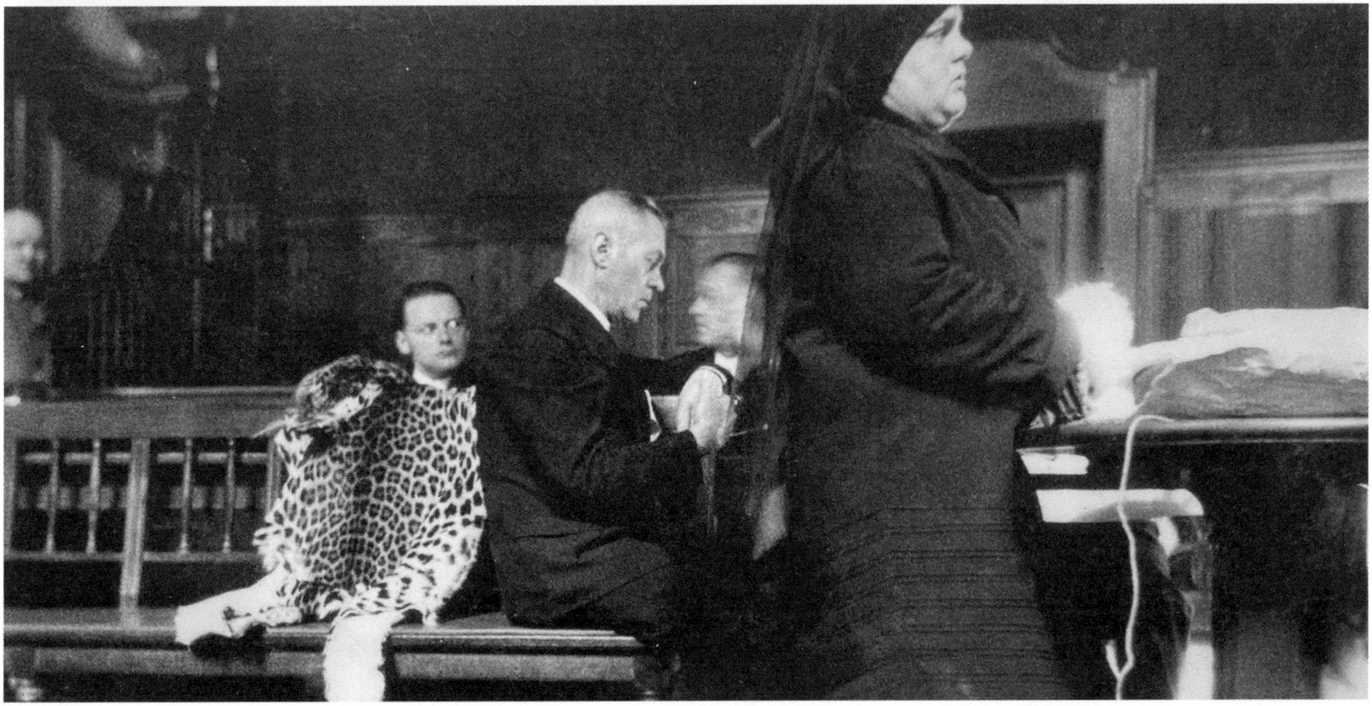

nicht. Gabriele Tergit, die ab 1924 für die Konkurrenz, das *Berliner Tageblatt* schrieb, orientierte sich an ihrem Vorbild Sling. Sie schrieb Geschichten von einfachen Menschen, die zeigten, wie erbarmungslos bisweilen die Mühlen der Berliner Gerichte mahlten. Die Gerichtsreportagen von Sling und Tergit sind von solch literarischer Qualität, dass sie auch heute verlegt und gelesen werden. Anders als Sling erlebte und beschrieb Tergit den Aufstieg der Nationalsozialisten. »Unsichtbar steht ein großes Hakenkreuz vor dem Richtertisch«, schrieb sie in einer ihrer letzten Reportagen vor der Machtübernahme 1933. Danach war kein Platz mehr für eine unabhängige Justiz und kritische Gerichtsreportagen. Tergit emigrierte, wie auch der Nachfolger von Sling, Moritz Goldstein alias »Inquit« – und viele andere Journalisten.

Nach dem Zweiten Weltkrieg führte Rudolf Hirsch in Ost-Berlin die Tradition seiner Vorgänger fort, soweit ihm das der kritische Blick der Partei und des Presseamtes gestattete. Einer der profiliertesten Gerichtsreporter in West-Berlin war Horst

Cornelsen, der für den RIAS arbeitete und dessen Buch *Kleine Fische auf Justitias Grill* 1988 auch zur Grundlage einer Fernsehserie wurde. Aber nach und nach verabschiedete sich die Gerichtsreportage als eigenständige journalistische Gattung. Die Einsparungen der Medienunternehmen taten dabei kräftig mit. Der Investigativ-Journalist Hans Leyendecker kritisierte vor einigen Jahren die Qualität der Gerichtsreportagen. Die zuständigen Journalisten seien häufig »die letzten Rädchen im Getriebe einer Lokalredaktion [...]. Es schreiben entweder die Alkoholiker oder diejenigen, die gerade begonnen haben in diesem Beruf.« Vielleicht brechen aber bald wieder bessere Zeiten für das Genre der Gerichtsreportage an. Immerhin bietet seit kurzem ein großer Medienverlag in seiner Journalisten-Akademie eine zweijährige Ausbildung zum Gerichtsreporter an.

Dass es genug Leser für gut geschriebene Geschichten aus der Welt der Gerichtssäle und des Rechts gibt, beweist Ferdinand von Schirach. Der ehemalige Berliner Strafverteidiger ist heute einer der erfolgreichsten deutschen Schriftsteller.

DIE QUADRATUR DES RECHTS

AMTSGERICHT KREUZBERG

»Quadrat-Tyrann« hat man den Architekten Oswald Mathias Ungers mal geschimpft. Sieht man das von ihm entworfene Familiengericht in Kreuzberg, versteht man sofort, warum. Der Hauptbau des 1995 eröffneten Gerichtsgebäudes ist ein großer, leicht versetzter Würfel, der den Gesamteindruck dominiert. Fenster, Hecken, Lampen und Aschenbecher außen, Fliesen, Kleiderständer und Heizkörperverkleidungen innen – überall lauert das Quadrat. Selbst die Sitzungssäle sind quadratisch. Vielleicht ist das ja eine Metapher auf das Recht als Kreis, an dessen Quadratur man sich hier regelmäßig versucht. Denn beim Familiengericht geht es um Sorgerechtsstreitigkeiten, Unterhaltszahlungen, Umgangsregeln, Scheidungen. Und da gibt es ja bekanntlich nur Verlierer.

Familiengerichte sind gesonderte Abteilungen, die bei Amtsgerichten gebildet werden. Ihre Verhandlungen sind grundsätzlich nicht öffentlich, gerade weil es oft um Kinder geht. Architektonisch setzt das Familiengericht in Kreuzberg für Kinder auch besondere Akzente. Es gibt zwei Spielhäuser, eins vor dem Gebäude und eins im Innenhof, in denen, wenn nötig, richterliche Befragungen der Kleinen stattfinden können. Die Spielhäuser sind in Rot gehalten, im Gegensatz zu der hellen Fassade des Gerichts. Quadratisch ist an ihnen auch nichts.

Das Familiengericht hat sogar einen eigenen Haushaltsposten für Spielsachen. Beim Amtsgericht Kreuzberg reicht die Zuständigkeit des Familiengerichts von Spandau bis Lichtenberg. Es ist das größte in Deutschland.

Dass das Amtsgericht, bei dem das Familiengericht sitzt, heute nur noch nach Kreuzberg benannt ist, klingt wegen des Standorts konsequent, ähnelt in Wahrheit aber ein wenig einer schleichenden feindlichen Übernahme. Alles beginnt auch hier in der Kaiserzeit. 1885 wird am Halleschen Ufer ein neues großes Gericht eröffnet. Das »Land- und Amtsgericht Berlin II« zieht sich als stattliches Gebäude entlang der Hochbahntrasse. Entworfen hatte es der Architekt Heinrich Herrmann, der auch für Berlins erstes neues Gericht der Kaiserzeit, das alte Kriminalgericht, verantwortlich war und gefeiert wurde. Der Bau am Halleschen Ufer ruft damals aber deutlich weniger Begeisterung hervor. Er sei »eine nüchterne Kaserne, die ebensogut eine Taubstummenanstalt oder ein Gefängnis darstellen könnte«, mokiert eine zeitgenössische Darstellung. 1915 wird eine Erweiterung dieses Gerichtsgebäudes in Angriff genommen, die

um 1910

für das neu gegründete Amtsgericht Tempelhof gedacht ist. Der Bau zieht sich. Es ist die Zeit des Ersten Weltkrieges, das Geld sitzt nicht mehr so locker. Bei den Materialen wird auch gespart. Die Schmuckelemente im Inneren des Gerichts sind lediglich ein paar Gipsabgüsse, die man sich günstig aus der staatlichen Gipsformerei der Museen beschafft. Nach dem Zweiten Weltkrieg ist das große Gerichtsgebäude zerstört. Nur noch der Erweiterungsbau in der Möckernstraße steht. Der muss jetzt auch noch das neu gegründete Amtsgericht Kreuzberg aufnehmen und fusioniert zum Amtsgericht Tempelhof-Kreuzberg. Jahrzehntelang ist dieses Gericht wohl das einsamste von ganz Berlin. Es wirkt schlicht übrig geblieben inmitten einer weiten Brachfläche, die der Krieg hinterlassen hat.

Seit knapp drei Jahrzehnten ist die Zeit der Einsamkeit vorbei und das Gebäude ist jetzt wieder fest umschlungen von dem Neubau des Familiengerichts. Bald wird es aber den alten Schriftzug aufgeben müssen, der noch auf Tempelhof-Kreuzberg verweist. Die Umbenennung hat im August 2021 stattgefunden.

Die Gitterskulptur im Würfel-Look vor dem Neubau ist übrigens nicht von Ungers, sondern von dem renommierten amerikanischen Künstler Sol LeWitt. Ihm ging es in seinen Werken immer um die Reduktion aufs Wesentliche. Auch eine passende Metapher für das Recht.

Hallesches Ufer 62, 10963 Berlin

GOLDFUND AM GERICHT
AMTSGERICHT CHARLOTTENBURG

Gold wird in Berlin nur sehr selten gefunden. Einige Goldsucher vermuten noch Wertvolles in Kiesgruben als Reste der letzten Eiszeit. Aber manchmal kann man auf Gold stoßen, ohne danach gegraben zu haben. So beim Amtsgericht Charlottenburg. Vor einigen Jahren benötigte das Gebäude mal wieder eine Auffrischung. Beim Setzen eines Hakens platzte einem Gerüstbauer ein Stück der Fassade ab. Ein goldschimmernder Buchstabe kam zum Vorschein. Wie kam er dahin und war noch mehr zu vermuten? Die Sichtung historischer Bilder offenbarte, dass einst der Schriftzug »Königliches Amtsgericht« das Gebäude geschmückt hatte. Offenbar war die Schrift in der Nachkriegszeit beim Wiederaufbau abgedeckt worden. Und wurde vergessen. Man entschloss sich, die Schrift freizulegen und zu restaurieren. Seit 2017 ist das Amtsgericht Charlottenburg zumindest von außen wieder königlich.

Der neobarocke Bau war eines der ersten neuen Gerichte, die auf dem Gebiet des heutigen Berlins nach der Vereinheitlichung des Justizwesens entstanden. Hier in Charlottenburg war es auch besonders nötig. Charlottenburg galt damals nicht nur als eine der reichsten Städte im Deutschen Reich, sondern erlebte Ende des 19. Jahrhunderts eine Bevölkerungsexplosion und einen Bauboom. Ein Bauplatz wurde von dem Magistrat zur Verfügung gestellt, um die unwürdige Situation des Amtsgerichts – untergebracht zur Miete in verschiedenen

Wohnungen – zu beenden. Kaum war der Bau begonnen, traf auch schon die Polizei ein. Schwarzarbeit? Nein, fast noch schlimmer in Preußen: Der Baubeginn war nicht ordentlich angezeigt worden. Das vierte Polizeirevier wusste nicht Bescheid und bereitete eine Anzeige gegen die Verantwortlichen vor. Bis sich herausstellte, dass die Baumeister, Poetsch und Clasen, königliche Beamte waren. Zwei Jahre später, 1897, konnte dann ohne weitere Schwierigkeiten die Einweihung gefeiert werden.

Mit dem Schmuckplatz vor dem Gericht, der passend sogleich den Namen Amtsgerichtsplatz erhielt, bildete der im Stil des märkischen Barocks gehaltene Bau ein harmonisches Ensemble. Angesicht des repräsentativen Äußeren enttäuscht das Innere fast ein wenig in seiner Funktionalität. Auch fehlen größere Säle, da das Gericht von Anfang an nur für Zivilsachen zuständig war. Immerhin war das Gebäude mit modernster Technik ausgestattet, wie zum Beispiel einer Rohrpostanlage, deren Reste heute immer noch im Keller zu erkennen sind. Der Anbau aus dem Jahr 1921 verdreifachte die bisherige Nutzungsfläche beinahe. Im Zuge des Zweiten Weltkrieges wurden im Keller Luftschutzräume eingerichtet, die nun als Lager und für Fahrräder genutzt werden. Auch heute gibt es immer wieder Anpassungen, zum Beispiel an neue Sicherheitsauflagen. Dabei diskutiert das Denkmalamt eifrig mit. Saniert wird auch im Jahr 2022 munter weiter. Und wer weiß, vielleicht taucht ja wieder etwas Überraschendes oder sogar Goldenes auf.

Amtsgerichtsplatz 1, 14057 Berlin

um 1900

DER GEBORENE VERBRECHER?

STRAFGERICHT CHARLOTTENBURG

»Ich bin nie Anführer einer Räuberbande gewesen und habe keine Tabakpfeife gestohlen«, empört sich Karl May im Strafgericht Charlottenburg. Die Behauptung des Journalisten Rudolf Lebius, er wäre ein »geborener Verbrecher«, sei eine verleumderische Beleidigung. Der Schöpfer von Winnetou und Old Shatterhand ist extra von Radebeul nach Charlottenburg gefahren, in der Hoffnung, dass Lebius verurteilt wird. In einem der kleinen Säle des Königlichen Strafgerichts in der Kantstraße wird am 12. April 1910 Mays Strafantrag gegen seinen Lieblingsfeind verhandelt. Aber der Schriftsteller ist im Gegensatz zu Lebius schlecht vorbereitet. Er findet keine Antwort auf die Frage des Amtsgerichtsrats, warum er denn einst im Gefängnis gesessen habe. Lebius wird freigesprochen. Doch es ist nicht das letzte Mal, dass sich die beiden Streithähne vor Gericht treffen.

Das Gerichtsgebäude, in dem May sich mehr schlecht als recht schlug, ist 1897 gleichzeitig mit dem schräg gegenüber-

1897

liegenden Amtsgericht errichtet worden. »Civilabtheilungen« und »Strafabtheilungen« waren auf Wunsch der Stadtväter durch die Kantstraße getrennt worden. Adolf Bürckner und Eduard Fürstenau hießen die Architekten des Strafgerichts, die sich für eine frühbarocke Fassade entschieden. Für kurze Zeit war das Gebäude freistehend, bis auch in der Kantstraße alle Häuserlücken geschlossen wurden. Verbunden war das Gericht mit einem dahinterliegenden Gefängnis, sicher getrennt durch vier schwere Gefängnistore.

Recht gesprochen wurde in diesem Gericht nur knapp 40 Jahre. 1934 zog hier das Landesamt für Chemie ein, 1985 folgte das Grundbuchamt des Amtsgerichts Charlottenburg. 2010 warf der Liegenschaftsfonds Berlin das Gebäude auf den freien Markt. Erworben wurde es zum Glück von dem Architektenpaar Grüntuch-Ernst, das in Berlin schon die Jüdisches Mädchenschule behutsam saniert hatte. Das hinter dem Gebäude liegende Gefängnis übernahmen die beiden gleich mit. Das Strafgericht heißt jetzt »Amtsalon« und sieht sich als multidisziplinärer Raum für Kunst, Design und Architektur. Steht das Fenster der Eingangstür mit dem Reichsadler noch für die preußische Gerichtszeit, stimmen im Treppenhaus hängende Kugellampen des Lampendesigners Bocci auf neue Kunsterlebnisse ein.

Die fantasievolle Umwidmung des Gerichts hätte sicherlich auch dem Geschichtenerzähler Karl May gefallen. Ein Jahr nach seinem Auftritt in der Kantstraße ist dieser zurück in der Hauptstadt. Diesmal allerdings nicht im Charlottenburger Strafgericht, sondern im Kriminalgericht Moabit. Auch dieses Verfahren gegen Lebius verläuft dramatisch. Aber am Ende wird Karl May dann doch offiziell zugestanden, dass er beleidigt wurde.

Kantstraße 79, 10627 Berlin

MIT DEN STREITHÄHNEN IM WARTEZIMMER

AMTSGERICHT SPANDAU

Fast wäre jemand im Amtsgericht Spandau erschlagen worden. Das Haus, in dem es Anfang der 1950er Jahre saß, war völlig verrottet. Mitten im Betrieb rasselten plötzlich Steine von der Decke. Schleunigst musste Ersatz her. Schon zum zweiten Mal.

Sein erstes Gerichtsgebäude war dem Amtsgericht Spandau bereits ein paar Jahre zuvor abhandengekommen. Es war 1855 in der Altstadt errichtet worden, genau gegenüber der Nikolaikirche, und für damalige Verhältnisse top modern. Hinter drei hohen Fenstern zeichnete sich an der Fassade der Schöffensaal ab, eingerahmt von zwei schlanken Türmen, die über die Gebäudekante hinausragten. Mit seinen Dachzinnen wirkte der zweigeschossige Bau zudem wie eine kleine wehrhafte Festung. Justizburg statt Justizpalast. Doch gegen die Bomben des Zweiten Weltkriegs hat das Gebäude keine Chance. 1945 wurde es komplett zerstört.

Ab 1954 geht es in Spandau wieder ganz modern zu. Für sein Amtsgericht bekommt Spandau den ersten Berliner Gerichtsneubau nach dem Krieg. An eine Burg erinnert jetzt nichts mehr. Das Gericht steht auf einer großen Freifläche und besteht aus einem sechsstöckigen, rechteckigen Bau, vor dem sich ein langgezogener Flachbau erstreckt. In dem sind die Sitzungssäle untergebracht. Die Architektur ist ein bewusster Bruch mit den alten Bauten der Kaiserzeit. Keine beeindruckenden Treppenhäuser mehr, keine hohen Säle, keine Einschüchterung. Stattdessen Offenheit, Transparenz, Flachdach, Beton. Die Presse schreibt zur Eröffnung: »Gebäude ohne Finsternis, Amtsgericht mit klarer Würde«. Damit ist wahrscheinlich auch gemeint, dass die Fassade des Flachbaus fast nur aus Glas besteht. Der Sonnenlichteinfall scheint der zügigen Rechtsfindung zu dienen: Weil die Fensterfront nach Süden zeigt, wird es im Sommer sehr schnell sehr heiß in den Sitzungssälen.

Auf allegorischen Schmuck hat man beim Amtsgericht Spandau nicht komplett verzichtet. Der ist aber genauso profan ausgefallen wie das gesamte Gericht. Bei den alten Justiz-

um 1910

palästen musste man entweder bibelfest sein oder sich mit griechisch-römischer Mythologie auskennen, um die Bildsprache richtig zu deuten. Das braucht es hier ganz bewusst nicht. Ein Wandrelief im Wartebereich zeigt eine hochgewachsene Justitia mit Waage, davor zwei kampflustige Hähne.

Die Justizverwaltung erfasst übrigens seit ein paar Jahren alle Fälle von Gewalt oder Drohungen gegen Bedienstete der Justiz in den Berliner Gerichten. Überraschender Spitzenreiter: das Amtsgericht Spandau. Ein bisschen gefährlich scheint die Arbeit hier immer noch zu sein.

Altstädter Ring 7, 13597 Berlin

IN RIXDORF IST NICHT NUR MUSIKE

AMTSGERICHT NEUKÖLLN

1901

»In Rixdorf ist Musike«, so lautet Ende des 19. Jahrhunderts ein beliebter Schlager. Und in Rixdorf ist damals wirklich was los: Zwischen Hasenheide und Richardplatz gibt es über 150 sogenannte Amüsierlokale, in die die Berliner nicht nur am Wochenende strömen. Rixdorf hat zu der Zeit über 200.000 Einwohner, ist eine boomende Großstadt und braucht daher für sein Amtsgericht auch ein neues, eigenes Gebäude. Der Eckbau im Neorenaissancestil wird 1901 unter dem Namen »Königliches Amtsgericht Rixdorf« eingeweiht, nebst einem Gefängnis im Hinterhof. Der Entwurf stammt von Paul Thoemer.

Die beiden stolzen Greifen über dem Eingangsportal gebieten den gehörigen Respekt vor dem Gericht beim Betreten. Im Inneren warten schlichte preußische Funktionalität und an Jugendstil erinnernde Allegorien an den Wänden. Die mit

blauen Handläufen versehene Treppe führt hinauf in den ersten Stock, zum ehemaligen Schöffensaal. Von der Deckenbemalung, die damals die Prozessteilnehmer bewundern konnten, ist heute leider nichts mehr zu sehen. Erhalten geblieben sind aber zum Glück die verspielten Schnitzereien in der dunklen Holzvertäfelung und die originale Verglasung der langen Fensterfront, die auch von außen die Fassade prägt.

Der Bau des Amtsgerichts markiert den Beginn eines neuen urbanen Zentrums in Rixdorf. Das Rathaus, eine Kaiserliche Post, das Stadtbad folgen. Rixdorf will endlich viel mehr sein als ein lasterhaftes Vergnügungsviertel. Aber der schlechte Ruf hält sich hartnäckig. Gelingen soll der Imagewandel mit einer Namensänderung. 1912 wird aus Rixdorf daher Neukölln, mit einem Amtsgericht Neukölln. Der Trick mit dem neuen Namen sorgt damals deutschlandweit für reichlich Spott. So mancher behauptet ja, dass es mit dem Image von Neukölln auch heute nicht zum Besten bestellt sei. Jedenfalls werden an kaum einem anderen Berliner Gericht den Besuchern am Eingang so viele Waffen abgenommen wie beim Amtsgericht Neukölln.

Karl-Marx-Straße 77–79, 12043 Berlin

ZUSTÄNDIG AUCH FÜR DIE ZARENFAMILIE

AMTSGERICHT SCHÖNEBERG

Bevor man das Amtsgericht Schöneberg betritt, wartet das Jüngste Gericht auf die Besucher. Zermarterte Körper winden sich, hängen kopfüber, heben ihre Hände flehend zur Justitia. Die Göttin der Gerechtigkeit entscheidet mit verbundenen Augen über das Schicksal der Menschen. Nach diesem ersten Schreck über der Eingangstür wartet noch der Türrahmen mit einigen Geboten auf. Vor allem die Aufforderung »Rede die Wahrheit« sollte man vor Gericht beherzigen! Denn nicht vergessen: Von ganz oben, vom Giebel oberhalb des Drachentöters Georg, wacht das Auge des Gesetzes.

Mit einem reichen Bildprogramm und einer mehr als hundert Meter langen Fassade gehört das Amtsgericht Schöneberg zu den großen Barockschlössern unter den Berliner Gerichten. Das Treppenhaus ist das Prunkstück des 1906 errichteten Gebäudes. Großzügig bis verschwenderisch ist die Raumsituation bis zur Kuppel. Und sehr blau. Nur das Ehrfurcht gebietende preußische Staatswappen an der Decke fehlt heute. Über zwei großen, ins Innere des Treppenhauses gekehrten Erkern stehen die Worte »Macht« und »Recht«. Vielleicht haben die Architekten Mönnich und Thoemer hier an den Ausspruch des französischen Philosophen Blaise Pascal gedacht, dass das Recht ohne Macht machtlos sei und die Macht ohne Recht tyrannisch.

Mehr Macht hat das Amtsgericht Schöneberg nach 1949 erhalten. Viele besondere Zuständigkeiten für West-Berlin konzentrierten sich aufgrund der Teilung nun hier. Bis heute sind am Gericht einige Sonderzuständigkeiten angesiedelt. Passend zum queeren Image des Stadtteils ist Schöneberg für alle Transsexuellen-Verfahren in Berlin zuständig, wenn zum Beispiel über Änderungen des Vornamens oder die Feststellung der Geschlechtszugehörigkeit von Personen entschieden werden soll. Die größten Herausforderungen ergeben sich aber aus seiner Auslandszuständigkeit für Deutsche, die in Deutschland keinen festen Wohnsitz mehr haben. Hier geht es zum Beispiel um den deutschen Fußballtrainer, der in Simbabwe arbeitet und sich scheiden lassen will. Aber auch mit Angelegenheiten der russischen Zarenfamilie musste sich das Amtsgericht Schönberg schon befassen. Alexandra Fjodorowna, die Frau des letzten russischen Zaren Nikolaus II., entstammte dem Großherzogtum Hessen-Darmstadt. Damit hatten auch ihre Kinder deutsche Wurzeln. Die Zarenfamilie wurde 1918 von den Bolschewiki ermordet. Aber lange behauptete eine falsche Anastasia, als Einzige überlebt zu haben. Und stritt sich in der Nachkriegszeit unter anderem mit dem Amtsgericht Schöneberg um einen Erbschein. Die Akten zu diesem wohl spektakulärsten Fall liegen immer noch im Archiv des Amtsgerichts.

Grunewaldstraße 66–67, 10823 Berlin

RAUS AUS DER FREIHEIT

ALTES AMTSGERICHT KÖPENICK

Dass Köpenick immer für einen Scherz zu haben ist, zeigt ja schon die Geschichte vom falschen Hauptmann. Auch beim Bau des alten Amtsgerichts muss man sich in Köpenick ins Fäustchen gelacht haben. Das Gerichtsgebäude mit angeschlossenem Gefängnis mitten in der Altstadt steht ausgerechnet in der Straße mit dem bezeichnenden Namen Freiheit. Die heißt zwar schon seit dem 17. Jahrhundert so und bezieht sich eigentlich auf die Hugenotten. Aber das ist egal. Man kann sich die alten Kalauer der Verurteilten lebhaft vorstellen: Rein in die Freiheit, raus aus der Freiheit, und so weiter.

Neben Sinn für Humor zeigt der alte Gerichtskomplex aber noch mehr: wie puristisch Justizgebäude aussehen konnten, bevor der große, staatlich gelenkte Bauboom in Preußen startete. Errichtet wurde das zweistöckige Backsteinhaus um 1850, damals noch als Kreisgericht für Köpenick und Umgebung. Die klare Architektur mit dem dezenten Rundbogenfries an Dach und Portal verweist auf die Bauschule Schinkels. Von der historisierenden Formensprache, wie sie Ende des 19. Jahrhunderts bei den Justizbauten Einzug hielt, ist das Gericht in der Freiheit meilenweit entfernt. Es ist ein reiner Funktionsbau, ohne den Versuch, die Macht der Justiz in Stein zu gießen. Als das alte Gericht, mittlerweile ein Amtsgericht, Ende des 19. Jahrhunderts für die Ansprüche der wachsenden Stadt zu mickrig geworden war, bekam auch Köpenick sein neues Amtsgericht, nun mit pompöser Neurenaissancefassade.

Für die Justiz wird das Gericht schon längst nicht mehr genutzt. Das Gefängnis im Hof dahinter selbstverständlich auch nicht mehr. Eine Zelle ist aber noch belegt. Über ein Podest kann man hineinschauen und sieht hinter Gittern: den Hauptmann von Köpenick, traurig vor einem leeren Teller sitzend. Die kleine Installation nimmt es mit der Wahrheit nicht so genau. Wilhelm Voigt, der falsche Hauptmann, hat hier nie eingesessen. Die Sache ist natürlich nur ein kleiner Scherz.

Freiheit 16, 12555 Berlin

KAFFEE UND WEIN

AMTSGERICHT KÖPENICK

In keinem Gericht schmeckt der Kaffee besser als in Köpenick. Das liegt allerdings weniger an der Qualität der Kaffeebohnen als an den Kaffeetassen. Auf ihnen erkennt man nämlich die Silhouette des Gerichtsgebäudes mit den beiden Türmen und dem Giebel. Eine kreative Mitarbeiterin hat die Tassen gestaltet. Noch fehlt der Merchandising-Shop. Lediglich Angestellte bekommen das besondere Stück.

Als das neue Gerichtsverfassungsgesetz 1879 in Kraft tritt, hat die eigenständige Stadt Köpenick schon längst ein eigenes Gerichtsgebäude. Aber bald erscheint das nicht mehr standesgemäß. Und zu klein. 1901 ist es dann so weit: Das Amtsgericht zieht in ein großes Neorenaissancegebäude, entworfen von Paul Thoemer. Im Zweiten Weltkrieg geht ein Turm verloren, der erst vor ein paar Jahren mit seiner charakteristischen Zwiebelhaube rekonstruiert wurde und der jetzt nicht nur wieder das Gebäude, sondern auch die Tasse harmonischer aussehen lässt. Auch auf der Rückseite vom Gericht wurde angebaut: Ein zweiflügeliger Neubau ist in den späten 1990er Jahren entstanden. Der abweisende Eindruck ruft bei einigen Mitarbeitern allerdings immer noch Kopfschütteln hervor. Nichts für die Tasse. Geplant ist, mit einem vierten Flügel den Komplex zu schließen. Der Platz wird dringend benötigt.

Hinter dem Gebäude befindet sich noch ein viergeschossiger Gefängnistrakt mit der ehemaligen Villa des Gefängnisdirektors. Zwischen diesen Gebäuden entdeckt man Weinreben, die sich an Holzgittern entlangranken. Sind sie eventuell geeignet für den einst berühmten Gerichtswein? Im Wörterbuch der Gebrüder Grimm findet er Erwähnung als »wein, der als abgabe oder busze dem gericht zufiel und nach schlusz der gerichtssitzung von den schöffen getrunken wurde«. Eine im Keller gefundene Presse aus alten Zeiten macht zunächst Hoffnung, entpuppt sich allerdings schnell als Papierpresse. Aber vielleicht gesellt sich zu der kreativen Gestalterin im Haus auch noch ein Hobbywinzer, sodass besondere Gäste gefragt werden können: Kaffee – oder Gerichtswein?

Mandrellaplatz 6, 12555 Berlin

JUSTITIA AUF ABWEGEN

AMTSGERICHT WEDDING

Was für ein Frevel! Geköpft und zertrümmert lag die Justitia am Boden vor dem Amtsgericht Wedding. Feige hatten sich die Täter aus dem Staub gemacht. Dabei war diese Justitia, die kein Richtschwert, sondern ein Gesetzbuch in der Hand trug, ein durchaus mildes Symbol der Gerichtsbarkeit. Die Zusicherung, die mehr als drei Meter große Statue werde in wenigen Wochen wieder aufgestellt, blieb unerfüllt. Eigentlich sollten die Anstaltsbetriebe der JVA Tegel sie wieder flicken. Doch die Aufgabe überstieg deren Möglichkeiten. Der Torso blieb einige Jahre im Knast, bis man sich an die Justitia erinnerte. Ein beauftragter Lankwitzer Steinmetz stellte fest, dass die Beschädigungen zu groß waren. Aus einem acht Tonnen schweren Sandsteinblock musste die Figur daher komplett neu gehauen werden. Die Fragmente des Originals und alte Fotos dienten als Vorlage. Und so konnte anlässlich der Hundertjahrfeier des Amtsgerichts Wedding im Jahre 2006 eine neue Justitia am alten Platz den Besuchern wieder Gerechtigkeit versprechen – nach fast 20 Jahren Abwesenheit.

Deutlich schneller waren Planer und Bauarbeiter damals beim Bau des Amtsgerichts. Dabei bedeutete der feuchte und ungleichmäßige Baugrund ein hartes Stück Arbeit. Mit Holzpfählen wäre das Gebäude wahrscheinlich bald in Richtung Panke abgesackt. Die aufwendige und neue Lösung: Eisenbetonpfähle, acht Meter in die Tiefe gerammt. Die Hälfte der Baukosten war damit bereits ausgegeben. Aber der Rest reichte, um dem wachsenden Arbeiterbezirk Wedding ein Märchenschloss zu schenken. Dazu gehörten Zwiebeltürme mit Wendeltreppen, Treppengiebel, Erker, ein filigraner Hauptturm und viel Ornamentik. Die Albrechtsburg in Meißen soll den Architekten Thoemer und Mönnich als Vorbild gedient haben. Deutlich wird das vor allem an dem Rippengewölbe des Treppenhauses.

Das Gericht sollte nur für Zivilsachen zuständig sein. Weil deswegen keine größeren Schöffensäle benötigt wurden, ist die Eingangshalle besonders monumental geraten. Der spä-

FLIEG, ADLER, FLIEG?

Das Amtsgericht wurde durch zwei Anbauten in den 1950er und den 1980er Jahren erweitert. Einen kleinen Teil des Gebäudes wünschen sich manche allerdings abgebaut: den Adler über der Justitia am Haupteingang. Er ist ins Visier einer politischen Debatte geraten. Der stolze preußische Adler wurde 1933 ausgetauscht und hielt nun in seinen Krallen einen Kranz mitsamt Hakenkreuz. Das Hakenkreuz ist 1945 verschwunden, Adler und Kranz sind jedoch geblieben. Soll der Adler als Hoheitssymbol des Nationalsozialismus entfernt werden oder, wie vom Denkmalschutz gewünscht, als Dokument an die Wirrungen deutscher Geschichte erinnern? Falls der ungeliebte Vertreter des Dritten Reiches abheben sollte, könnte der Steinmetz in Lankwitz sicherlich den alten preußischen Adler neu einfliegen lassen.

tere Kölner Dombaumeister Bernhard Hertel, zuständig für die allegorische Ausschmückung des Gebäudes, hat sich außen und innen so richtig ausgetobt. Fratzen, die an mittelalterliche Wasserspeier erinnern, heitere Masken wie aus der Commedia dell'arte und unzählige Tiere an Türen und Säulenkapitellen bilden das Schmuckrepertoire. Sogar die Handwerker des Baus werden gewürdigt: Im Treppenhaus grüßen Steinmetz und Maurermeister die Besucher des Hauses. Insgesamt ein bunter und fantasievoller Stilmix aus Gotik, Renaissance und Barock.

Von Kriegsschäden blieb das Gebäude weitgehend verschont. Nur der Turm über dem Hauptportal fehlt heute. Und die Justitia ist ja zum Glück auch wieder da. Was ist eigentlich mit dem Original passiert? Das steht, ramponiert und mit all den Spuren der Zeit, immer noch auf dem Hof des Steinmetzes in Lankwitz. Ihr Gewicht von zwei Tonnen dürfte sie vor Diebstahl schützen.

Brunnenplatz 1, 13357 Berlin

GÖTTIN DER GERECHTIGKEIT

Nachts im Kriminalgericht Moabit. Es herrscht Ruhe in dem vor einigen Stunden noch belebten Treppenhaus. Aber plötzlich von oben ein wildes Getöse: »Die Justitia, die tagsüber in Stein gehauen dasteht, löst sich von der Wand und tappt, mit verbundenen Augen, einige Schritte vorwärts. [...] Diese verdammte Binde –! Fort mit dem Zeug – jetzt siehts ja keiner! Ratsch – da liegt die Waage – ich weiß doch, wie gewogen wird – und – Bautsch! da das Schwert! Hol doch der Teufel diesen ganzen Betrieb!« Und am Ende geht sie tanzen, zusammen mit dem Staatsanwalt. Zumindest bei Kurt Tucholsky, in seiner Geschichte »Justitia schwooft«, in der er kaum ein gutes Haar an der leichtbekleideten Dame lässt.

Dabei ist die Justitia seit Jahrhunderten fest etabliert als Allegorie für Gerechtigkeit. Aus der römischen Antike stammend, macht sie im 16. Jahrhundert Karriere und erscheint an Rathäusern, in Kirchen und natürlich in Gerichtsgebäuden. Auch in Berlin darf sie nicht fehlen. Besonders markant erscheint sie am ehemaligen Kollegienhaus, dem Landgericht am Tegeler Weg und dem Amtsgericht Wedding. Die eine zückt ihr goldenes Schwert, die ebenfalls goldene Waage in der linken Hand. Die andere sitzt mit verbundenen Augen auf einem Thron, ein Rutenbündel an ihrer Seite. Die Dritte strahlt mit verrückt-aufgerissenen Augen und hält sich an ihrem Schild fest. Auftreten und Attribute unterscheiden sich, die Mission bleibt: Sie soll dem Rechtssuchenden deutlich machen, dass sie Gerechtigkeit herzustellen versucht. Die Waage hilft ihr dabei, Argumente abzuwägen, die Schuld zu bemessen und das richtige Strafmaß zu finden. Das Schwert steht nicht nur für die eigentliche Bestrafung, sondern auch für die Umsetzung des Rechts. Statt mit diesem Symbol der Macht ist Justitia auch häufig mit Buch oder

Kollegienhaus

Papyrusrolle unterwegs. Dann gibt sie sich weise und belesen statt kämpferisch.

Viel wichtiger als diese Accessoires ist allerdings die Frage, ob ihre Augen verbunden sind oder nicht. Die Augenbinde symbolisiert, dass Justitia unvoreingenommen und objektiv ihr Urteil fällt. Niemand soll aufgrund seiner sozialen oder wirtschaftlichen Stellung bevorzugt oder gar benachteiligt werden. Aber wenn sie nichts sehen kann, kann sie dann wirklich die Wahrheit feststellen? Ist sie dann nicht betriebsblind? Nicht erst Tucholsky zweifelt an einer Justitia, die noch zu sehr dem Denken der Kaiserzeit anhängt. Schon zuvor gab es auf der obersten Regierungsebene Unstimmigkeiten. Der Minister

Kriminalgericht Moabit

Landgericht Tegeler Weg

Kriminalgericht Moabit

für öffentliche Arbeiten und der Justizminister in Preußen warnten 1907 beim Neubau von Gerichtsgebäuden vor Missgriffen bei der Verwendung bildnerischen Schmuckes. So soll »die früher übliche Binde vor den Augen der Frauengestalt weggelassen werden«. Aber bald darauf wurde sowieso kaum noch ein Gericht in Berlin neu gebaut.

Beliebt bleibt die blinde »Frauengestalt« aber bis heute in Karikaturen der Presse. Wenn es über die Justiz etwas zu lästern gibt, eignet sich eine Justitia mit verbundenen Augen doch immer noch am besten. Ist die Justitia ansonsten ein Fall für die Justizbesenkammer? Das Kammergericht präsentierte 2018 einen Schüler-Wettbewerb zur Justitia der Zukunft. Gewinner: die »Justitia 2.0«. Die Göttin ist jetzt ein Roboter. Die hat aber wahrscheinlich weniger Interesse am Schwoofen.

Amtsgericht Weißensee

IM REICH DER GRUNDBUCHAKTEN

AMTSGERICHT LICHTERFELDE

In Lichterfelde war die Großstadt weit weg. Das sollte auch so bleiben, trotz des Amtsgerichts, das 1906 eröffnet wurde, damals noch unter dem Namen Groß-Lichterfelde. Schon vierzig Jahre zuvor hatte sich Lichterfelde zu einer großbürgerlichen Villenkolonie entwickelt, der ersten in der Nähe von Berlin. Da hatte sich das Amtsgericht anzupassen und blieb brav auf zwei Stockwerke beschränkt, genauso wie das angeschlossene Gefängnis. Die hohen Giebel im Neorenaissancestil verleihen dem Gebäude trotzdem einen dominanten Eindruck. Und über der Justitia am Eingangsportal verweist ein ungewöhnlich ausführlicher Text auf die Entstehungszeit unter Kaiser Wilhelm II. und untermauert den offiziellen Charakter des Baus.

Ungewöhnlich ist auch das Gestaltungs-Potpourri im Inneren des Gerichts: Im Treppenaufgang begegnet man zunächst einer Uhr, die mit dem wenig erbaulichen Schriftzug »In einer dieser Stunden wirst Du sterben« willkommen heißt. Die aufwendig gerippte Gewölbedecke ist mit kleinen Sternen geschmückt, die gerüchteweise aus der amerikanischen Be-

In einer dieser Stunden wirst du sterben

BARGELD TO GO

Bei Zwangsversteigerungen von Immobilien musste man als Interessent in Deutschland lange Zeit genügend Geld in der Tasche haben. Buchstäblich. Denn wenn während der Versteigerung ein Beteiligter eine Sicherheitsleistung verlangte, mussten sofort zehn Prozent des angesetzten Wertes auf den Tisch gelegt werden. Als Scheck oder in bar. Im November 2005 sollte im Amtsgericht Lichterfelde ein Einfamilienhaus im Wert von 400.000 Euro unter den Hammer kommen. Die Versteigerung war im vollen Gange, als vier Männer den Saal 110 betraten, maskiert und mit Pistolen und Elektroschockern bewaffnet. Sie schnappten sich das Geld, das auf dem Tisch des verdutzten Rechtspflegers lag: 125.000 Euro. Der dreiste Überfall hatte Folgen. Nicht für die Täter, die wurden nie geschnappt. Aber für das Zwangsversteigerungsrecht. Bargeld ist seitdem nicht mehr erlaubt.

satzungszeit stammen. Gesichert ist hingegen, dass das Buntglasfenster mit dem emsig arbeitenden Richter ein Werk der Nachkriegszeit ist. Aus der Entstehungszeit des Gerichts stammen die allegorischen Malereien und die bunten Plastiken an Saaltüren und Wänden. Es gibt aber noch mehr Wandschmuck zu sehen, etwas versteckt, hinter dem ehemaligen Schöffensaal. Dafür muss man in die alte Vorführzelle, die man durch eine Tür neben dem Richterpult erreicht. Jedes Amtsgericht hatte eine solche Zelle, die dafür gedacht war, einen Angeklagten auch noch kurz vor der Verhandlung sicher zu verwahren. Die Zelle in Lichterfelde ist ein niedriger Raum hinter einem grünen Holzverschlag mit vergittertem Fenster. An den Wänden: Kritzeleien und Zeichnungen ehemaliger Gefangener, oft mit Datum versehen. Die meisten sind aus den 1920er Jahren. Vorgeführt wird von hier keiner mehr. Der alte Schöffensaal 110 wird nur noch für Zwangsversteigerungen genutzt.

Denn schon seit 1973 gibt es kein eigenständiges Amtsgericht Lichterfelde mehr. Hier befindet sich jetzt eine Außenstelle des Amtsgerichts Schöneberg. Neben Zwangsversteigerungen ist man in Lichterfelde für alle Grundbuchsachen

des Gerichtsbezirks zuständig. Der wichtigste Raum ist damit eigentlich der Keller – ein riesiges Labyrinth aus Grundbuchakten, säuberlich markiert mit gelben, grünen und roten Zettelchen. Das muss so ähnlich auch schon den expressionistischen Lyriker Georg Heym in den Wahnsinn getrieben haben. Der leistete 1911 am Amtsgericht Lichterfelde seinen Referendardienst ab und reimte in seinem Gedicht »Das Grundbuchamt«: »O düstrer Aktenstaub im Amts-Gericht, / Des dicker Rauch die alte Decke schwärzt, / Und der erstickt das graue Morgenlicht.«

Heym war von seinem Vater, einem Militärstaatsanwalt, zur Juristerei gezwungen worden. Aus schierer Wut soll er mal eine Grundbuchakte im Amtsgericht Lichterfelde die Toilette hinuntergespült haben. Er ist dann entlassen worden.

Ringstraße 9, 12203 Berlin

26538
26540
Lichterfelde
26540
26542
26546
Lichterfelde
26575
26597
Lichterfelde
26603
Lichterfelde
4482
4481

BÜRGERLICHE EINFACHHEIT

AMTSGERICHT PANKOW

Mit zerschossenem Fuß steht der junge Mann vor Gericht. Am 5. Februar 1989 hat er versucht, über die Berliner Mauer nach West-Berlin zu gelangen. Gemeinsam mit seinem Freund Chris Gueffroy. Beide schaffen es nicht. Chris Gueffroy bekommt mehrere Kugeln ab, eine davon trifft direkt ins Herz. Es sind die letzten tödlichen Schüsse an der Mauer. Der Überlebende Christian Gaudian wird am 24. Mai 1989 zu drei Jahren Haft verurteilt, wegen versuchter »Republikflucht«, strafbar nach § 213 StGB der DDR. Das Urteil spricht das Stadtbezirksgericht Pankow. Vor der Verhandlung hatte man ihm gedroht, seinen verletzten Fuß nicht zu behandeln, wenn er keine Auskünfte über seine Flucht geben würde.

Der Prozess gegen Christian Gaudian macht deutlich, dass die Justiz bis zum Schluss eine wichtige Rolle im menschenverachtenden Grenzregime an der Berliner

Mauer spielte. Und er zeigt auch: In Ost-Berlin hießen die Gerichte anders als im Westen der Stadt. Amtsgericht, Landgericht, Kriminalgericht, all das gab es nicht. 1952 war in der DDR eine neue Gerichtsstruktur eingeführt worden, zusammen mit der neuen Verwaltungsgliederung. Für jeden DDR-Bezirk wurde ein Bezirksgericht eingerichtet, dem verschiedene Kreisgerichte zugeordnet waren. Höchstes Gericht war das Oberste Gericht der DDR. Ost-Berlin hatte einen Sonderstatus, weshalb hier die Gerichte andere Namen trugen. Das Bezirksgericht wurde als Stadtgericht bezeichnet und das Pendant zum Kreisgericht war das Stadtbezirksgericht. 1989 hatte jeder der elf Stadtbezirke von Ost-Berlin sein eigenes Gericht, und wenn ein

altes Gerichtsgebäude vorhanden war, wie im Fall von Pankow, wurde das für das Stadtbezirksgericht genutzt. Diese Gerichte waren auch, anders als traditionell die früheren Amtsgerichte, für Zivil- und Strafsachen gleichermaßen zuständig.

Mit der Wiedervereinigung wurden Stadtgericht und Stadtbezirksgerichte aufgelöst und das Rad zurückgedreht. Der alte Gerichtsaufbau galt nun auch wieder im Osten der Stadt, in der neue Amtsgerichtsbezirke gebildet wurden. Für Pankow hieß das: Das Stadtbezirksgericht Pankow wurde mit dem in Weißensee zusammenlegt und es entstand das Amtsgericht Pankow-Weißensee, seit 2021 heißt es nur noch Pankow. Es ist heute das Familiengericht für Mitte und den Norden von Berlin.

1906 war das Amtsgericht Pankow fertiggestellt worden. Da das Gebäude zunächst frei stand, war auch die Rückseite aufwendig gestaltet, die das runde Treppenhaus im Inneren betont. Mit seiner langgezogenen neobarocken Fassade ähnelt Pankow den Gerichten in Schöneberg und Lichtenberg. Das Architektenduo Thoemer und Mönnich hatte dem Gebäude aber hier zwei kleine offene Erker und einen schmiedeeisernen Balkon spendiert. Und als hätte man seine heutige Zuständigkeit für Familienstreitsachen geahnt, schmücken zwei Sandsteinfiguren das Pankower Gericht: Ein Mann und eine Frau, getrennt durch den Balkon, blicken betreten von der Fassade.

»Bürgerliche Einfachheit« sollte der Bau ausdrücken, hieß es nach der Fertigstellung. Aber bürgerlich und einfach, so ging es hier wohl die wenigste Zeit zu. Weder heute, noch früher.

Kissingenstraße 5–6, 13189 Berlin

LUSTIGE RANKEN IM GEWÖLBE

AMTSGERICHT WEISSENSEE

1901 feiert die elektrifizierte Straßenbahn ihre Premierenfahrt vom Alexanderplatz nach Weißensee. Jetzt kommen die Berliner noch schneller zu den berühmten Pferderennen an der Trabrennbahn. Oder sie besuchen den Weißen See, um dann im »Welt-Etablissement Schloss Weißensee«, einer Vergnügungsstätte am Seeufer, einzukehren. Der Norden Berlins ist ein beliebtes Ausflugsziel geworden. Noch ist es hier dörflich mit ein- bis zweigeschossigen Häusern. Aber auch an den Rändern der Stadt macht das Bevölkerungswachstum nicht Halt. Eine entsprechende Infrastruktur gehört dazu – und damit auch die Errichtung eines eigenen Amtsgerichts. Mit dessen Bau werden 1902 die Gerichtsbauexperten Thoemer und Mönnich beauftragt. Natürlich soll das Gebäude gut in den ländlichen Charakter von Weißensee passen. Daher wird es kein Justizpalast, keine Trutzburg, sondern ein verspieltes Renaissance-Schlösschen.

Dass das Gericht sich das 16. Jahrhundert zum Vorbild genommen hat, zeigt sich schon von außen: Ein Laubengang mit Tierfiguren – vom friedlichen Schaf bis zum bösen Wolf –, ein mehrgeschossiger Erker, geschwungene Giebel sowie ein runder Treppenturm lassen das Gericht ganz leicht erscheinen. Sinnbilder für verschiedene Tugenden wachen an der Fassade und eine Waage über der Eingangstür weist den Weg ins Innere. Dort sei es noch »lebhafter«, frohlockt Architekt Mönnich im *Zentralblatt der Bauverwaltung*.

Farbige Treppen führen hinauf zum größten Saal, in dem Täfelung und Bestuhlung noch original erhalten sind. Höhepunkt ist schließlich das Gewölbe im ersten Stock. Hier ist die Decke so stark gefaltet, dass ein raffiniertes Spiel von Licht und

1906

Schatten entsteht. Diamantgewölbe wird diese erstmals in der Albrechtsburg in Meißen bezeugte Deckenform auch genannt. Mönnich freut aber besonders die dekorative Gestaltung mit »buntfarbigem Laubwerk«, das »lustig emporklettert«.

Ein eigenes Amtsgericht passte gut zu den Plänen von Carl Woelk, dem ehrgeizigen Bürgermeister von Weißensee. Er will Weißensee zur selbstständigen Stadt machen. Dafür schließen sich 1905 das Dorf Weißensee und die Gemeinde Neu-Weißensee zusammen, ein neues Ortszentrum wird gebaut, Gewerbe und Industrie siedeln sich an. Doch 1920 ergreift die Krake Berlin auch den Norden. Anstatt ein eigenes Stadtrecht

zu erlangen, muss sich Weißensee als 18. Bezirk in die Metropole Groß-Berlin eingliedern. Mittlerweile ist Weißensee nicht mal mehr ein eigener Bezirk, sondern nur noch Ortsteil im Bezirk Pankow. Ein eigenes Amtsgericht hat Weißensee auch nicht mehr. Das Gericht ist nur eine Außenstelle des Amtsgerichts Pankow. Aber da das »Welt-Etablissement« schon 1919 abgebrannt ist, bleibt das Gebäude für viele das Schloss in Weißensee.

Parkstraße 71, 13086 Berlin

NICHT AUF DEN BODEN SPUCKEN!

AMTSGERICHT LICHTENBERG

»Die wenigen Einzelheiten, die schlichten Umrahmungen, die derben Gesimse, endlich das wuchtige Portal [...] geben dem Äußeren ein etwas gröberes Gefüge«, urteilt das *Zentralblatt der Bauverwaltung* 1911 über das fünf Jahre zuvor errichtete Amtsgericht Lichtenberg. So unansehnlich, wie man nach dieser Beschreibung fürchten muss, ist das Gebäude nun wirklich nicht. Obwohl es im Zweiten Weltkrieg auch noch das einzig wirklich Schmückende, sein Türmchen auf dem Dach, eingebüßt hat. Beim Bau des Gerichts orientierten sich die Architekten Thoemer und Mönnich schlicht an der näheren Umgebung, und die war Anfang des 20. Jahrhunderts von einer rauen Industrialisierung und Urbanisierung geprägt. In Lichtenberg gab es unter anderem einen Betrieb für Kugellager, eine Fischmehlproduktion und eine große Wurstfabrik. Und so ging es nicht nur an der Fassade des Amtsgerichts etwas derber und gröber zu, sondern wohl auch beim Publikumsverkehr. »Füsse reinigen, Rauchen verboten, Spucknapfe benutzen«, ermahnt noch heute ein Hinweis im Eingangsbereich.

An diese strengen Regeln hat sich hoffentlich auch die illustre Versammlung gehalten, die am 18. Mai 1945 im Amtsgericht

Lichtenberg zusammenkommt. Der Krieg in Berlin ist gut zwei Wochen vorbei. Lichtenberg ist von den Sowjets vorübergehend zum neuen höchsten Gericht bestimmt worden. Hierhin lädt Stadtkommandant Nikolai Bersarin nun ausgewählte Juristen aus allen Bezirken Berlins. Er verkündet, dass der Aufbau eines neuen Justizwesens oberste Priorität habe, dass in jedem Stadtbezirk nun ein Gericht mit Gerichtspräsident und Staatsanwalt zu bilden sei und dass sich die Deutschen selbst um diesen Aufbau zu kümmern hätten. Selbstverständlich unter Aufsicht der sowjetischen Bezirkskommandanten. Als Gesetze sollten einfach die Regeln angewendet werden, die vor dem Machantritt der Nationalsozialisten galten. Den meisten Anwesenden bleibt die Spucke weg. Hauptsächlich, weil man diese Wertschätzung für die Justiz den Sowjets nicht zugetraut hat.

Von dieser Stunde Null für die Berliner Gerichte gibt es keine schriftliche Anordnung. Alles wurde nur mündlich übermittelt, funktionierte aber trotzdem. Ähnlich unkonventionell kommt auch der erste Generalstaatsanwalt im Nachkriegsberlin zu seinem Job. Um den richtigen Mann für diesen wichtigen Posten zu bestimmen, will Bersarin wissen, wer der »größte« Jurist in Berlin sei. Verwiesen wird er auf einen gewissen Wilhelm Kühnast. Woraufhin Bersarin auf ihn zeigt und sagt: »Du Generalstaatsanwalt!« Damit war die Sache entschieden. Keiner widersprach. Kühnast war nur ein einfacher Zivilrichter, dafür aber stattlich groß. Die Ernennung war einem Übersetzungsfehler geschuldet.

Der Schöffensaal, in dem Bersarin den Neustart für die Berliner Justiz verkündete, ist leider nicht mehr im Original erhalten. Auch die reiche Deckenmalerei in den Fluren des Gerichts ist verschwunden. Sie war auf jeden Fall viel feiner, als es das grobe Äußere vermuten ließ.

Roedeliusplatz 1, 10365 Berlin

SAUNA, PARTY UND MILLIONEN

Der Mann war so schillernd wie sein Name: Jürgen Wetzenstein-Ollenschläger. In den 1980er Jahren ist er Richter und Direktor am Stadtbezirksgericht Lichtenberg. Höflich und charmant, bei den Angestellten beliebt. In den Gerichtskeller baut er eine Sauna ein, der Dachboden wird zum Partyraum.

Nicht so charmant ist er in Prozessen, gerade wenn es um Oppositionelle geht. Oft verhängt er hohe Haftstrafen. Er tut das nicht nur aus richterlicher Überzeugung. Denn wenn die Verurteilten vom Westen freigekauft werden, verdient Wetzenstein-Ollenschläger heimlich mit. 17 Millionen D-Mark bringt er so auf die Seite. Seine Urteile sind seine persönliche Gelddruckmaschine. Kurz vor der Wiedervereinigung verlässt er das Gericht, wird Anwalt in Ost-Berlin. 1992 vertritt er Erich Mielke – seinen alten Nachbarn in Lichtenberg – vor dem Kriminalgericht Moabit. Noch während des Prozesses ermittelt die Staatsanwaltschaft gegen Wetzenstein-Ollenschläger. Aber der setzt sich ab. Seitdem fehlt jede Spur von ihm. Genauso wie von den 17 Millionen. Der Partyraum im Amtsgericht Lichtenberg wird übrigens schon lange nicht mehr genutzt. Auf der steilen Treppe zum Dachboden hat es zu viele Unfälle gegeben.

DER WOHNPALAST

REICHSMILITÄRGERICHT

Man kann es noch lesen: »Reichs Militär Gericht« steht an der Fassade geschrieben. Als Abdruck einer längst abgenommenen Schrift. Der alten Bestimmung dient der Bau seit mehr als einem Jahrhundert nicht mehr. Nur neun Jahre residiert hier das höchste Gericht der deutschen Militärgerichtsbarkeit: für straffällige Soldaten oder Straftaten gegen das Militär. Dafür gibt es bis 1919 eine eigene Gerichtsbarkeit. Die Weimarer Republik schafft sie ab, der Nationalsozialismus führt sie wieder ein. Das Gericht heißt nun Reichskriegsgericht. Obwohl der Krieg erst noch kommen soll.

Als der Krieg dann da ist, wird auch das Reichskriegsgericht zum Instrument der Diktatur, wie so viele Institutionen des Rechts. 1.400 Todesurteile fällt das Reichskriegsgericht. Gegen echte oder vermeintliche Saboteure, Kriegsdienstverweigerer und Deserteure. Am Ende floh das Reichskriegsgericht selbst vor dem Krieg und tagte in Torgau, 130 Kilometer südlich von Berlin.

1

LINKER TERROR GEGEN DAS GERICHT

Als die RAF und andere Terrorgruppen Deutschland in Atem halten, wird auch das Kammergericht Ziel von Attacken. Erst fliegt im Juni 1970 ein Brandsatz in den damaligen Sitz des Kammergerichts, ins alte Reichsmilitärgericht. Es gibt keine Verletzten, aber die berühmte Standuhr von 1790 wird schwer in Mitleidenschaft gezogen. Vier Jahre später wird der Kammergerichtspräsident Günter von Drenkmann in seinem Privathaus in Berlin-Westend erschossen. Es ist der erste politische Mord durch linke Terroristen an einem »Vertreter des Systems« in den 1970er Jahren. Zu der Tat bekennt sich die »Bewegung 2. Juni«, die vermeintlichen Täter werden vor Gericht gestellt. Aber bei keinem der Angeklagten reichen die Beweise aus. Für den Mord an dem Kammergerichtspräsidenten ist nie jemand verurteilt worden.

1910

Martialisch sieht das alte Reichsmilitärgericht wahrlich nicht aus. Wie ein kleines Schloss oder eine prunkvolle Villa richtet es sich zum idyllischen Lietzensee aus. Entworfen wurde es von Heinrich Kayser und Karl von Großheim, die beide als freie Architekten tätig waren. Bei der Schlusssteinlegung 1910 war der Kaiser persönlich anwesend. Weil das Reichsmilitärgericht ein Gericht des Reiches war, fiel dieser Gerichtsneubau einmal nicht in die Zuständigkeit der preußischen Baubehörde. Man merkt es dem Gebäude an. Die barocke Grundform wird durch klassizistische Spielereien immer wieder aufgebrochen. Die beiden Architekten bauten in ihrer Karriere vornehmlich private Häuser für das Großbürgertum. Die heutige Nutzung des Gerichts als luxuriöse Wohnanlage passt daher ganz gut, wenn da nicht die braune Vergangenheit wäre. Die Wandlung vom Justiz- zum Wohnpalast im Jahr 2007 sorgte für einige Kritik.

Vielleicht kann man den Bedenken entgegentreten, indem man darauf verweist, dass hier auch fast fünfzig Jahre gut und demokratisch Recht gesprochen wurde. Im Gebäude des Reichsmilitärgerichts war nach dem Zweiten Weltkrieg nämlich das Kammergericht untergekommen. Der 5. Strafsenat des Bundesgerichtshofs war noch zusätzlich hier einquartiert.

Widerstandskämpfer gab es übrigens auch am Reichskriegsgericht selbst. Karl Sack war Generalstabsrichter und in Kontakt mit der Gruppe um Graf von Stauffenberg. Drei Wochen vor Kriegsende wurde der Richter Karl Sack von einem SS-Standgericht verurteilt und gehängt.

Witzlebenstraße 4/5, 14057 Berlin

HÜTER DES RECHTSSTAATS

OBERVERWALTUNGSGERICHT

Die Liste ist lang: »Sofas, Tische, Stühle, Thermometer, Spucknäpfe, Tabletts, Wasserflaschen, Gläser, Garderobe mit Haken, Spiegel, Schirmständer, Fenstervorhänge und Zuggardinen.« Was ein bisschen nach luxuriösem Krankenzimmer klingt, sind die sehr konkreten Vorschläge zur Ausstattung der geräumigen Lesezimmer in der Bibliothek des Preußischen Oberverwaltungsgerichts. Als das Gericht 1907 endlich ein eigenes Gebäude bekommt, existierte es schon mehr als dreißig Jahre und hatte bereits Rechtsgeschichte geschrieben. 1875 war das Preußische Oberverwaltungsgericht als das oberste Prüforgan für jedes Verwaltungshandeln im letzten Winkel des großen preußischen Staates gegründet worden. Es hatte in der Folgezeit mit seinen Urteilen der Polizei ihre Grenzen aufgezeigt, die Kunst dem Zugriff einer übermäßigen Zensur entzogen oder sich gegen die behördliche Schikane von Minderheiten eingesetzt. Und war von der preußischen Verwaltung gefürchtet. Zu Recht wird es als der frühe Hüter des Rechtsstaats angesehen.

Das Preußische Oberverwaltungsgericht war nicht Teil der ordentlichen Gerichte, was auch der Grund dafür gewesen

sein mag, dass hier nicht die üblichen Verdächtigen Thoemer und Mönnich den Entwurf übernahmen, sondern der Architekt und Baubeamte Paul Kieschke. Das Haus ist ein kantiger barocker Klotz, der allerdings einen sehr fein gestalteten Mittelbau hat. Rechts und links vom Eingang sitzen auf Säulen zwei Figuren, die die Weisheit und die Wahrheit symbolisieren. Innen verströmt der Bau Strenge und Klarheit. Herzstück ist die über zwei Etagen reichende Bibliothek – die hier voller Understatement als Bücherei bezeichnet wird – mit den gut ausgestatteten Lesezimmern. Besonders edel geht es im zweiten Obergeschoss zu. Da sind die Flure mit Marmor geschmückt, und hier befindet sich auch der große Plenarsaal. Früher war die Decke noch ausgemalt, heute schmücken nur noch Gemälde der ehemaligen Gerichtspräsidenten den Saal.

Als Gerichtspräsident wurde man nicht nur porträtiert, sondern hatte es auch sehr komfortabel im Gericht. Die Präsidentenwohnung nahm die Hälfte des zweiten Stockwerks ein. Mehrere Gesellschaftszimmer verbanden die Privaträume mit dem Plenarsaal, der zusätzlich für Festlichkeiten genutzt wurde. Für diesen Zweck gab es im Plenarsaal auch extra eine Empore für Musiker. War man nicht Präsident, schien man in den Raumplanungen zum Erstaunen der Richter etwas vergessen worden zu sein. Jedenfalls gab es nicht genug Dienstzimmer für alle. In den Gebäuden, in denen das Gericht zuvor untergebracht war, hatte es auch nie genug Platz gegeben und die Richter hatten von zu Hause gearbeitet. Offenbar glaubte man, das müsse nicht mehr geändert werden. Und so pendelte auch weiterhin jeden Tag ein pferdebespannter Aktenwagen zwischen Gericht und dem »Homeoffice« der Richter.

Als Anfang der 1950er Jahre das Bundesverwaltungsgericht gegründet wurde, war es fast schon logisch, dass es das alte Gebäude des Preußischen Oberverwaltungsgerichts übernahm. Gleichzeitig war so die Bundesrepublik mit einem höchsten Gericht in West-Berlin präsent. Seit 2002 war der Bau wieder frei, weil das Bundesverwaltungsgericht dann das Gebäude des ehemaligen Reichsgerichts in Leipzig bezog. Zum Glück für das Oberverwaltungsgericht Berlin, das nun Quartier bezog und kurz danach mit dem aus Brandenburg fusionierte. Ein klein wenig ist man damit ja zu den Wurzeln zurückgekehrt, was das Zuständigkeitsgebiet betrifft.

Hardenbergstraße 31, 10623 Berlin

ALTE UND NEUE SACHLICHKEIT

VERWALTUNGSGERICHT

Schon bald wird das Verwaltungsgericht das höchste Gericht Berlins sein. 2025 soll es nämlich in das sogenannte Kathreiner-Haus neben dem Kleistpark ziehen. Das Gebäude hat zwölf Stockwerke und wurde bei seiner Fertigstellung 1930 als »Wolkenkratzer« gefeiert. Die Wolken müssen damals recht tief gehangen haben. Das Haus ist gerade mal 46 Meter hoch. Zweifelsfrei versprüht das Kathreiner-Haus von Werkbund-Architekt Bruno Paul aber die schlichte Eleganz der Neuen Sachlichkeit. Das Verwaltungsgericht wäre dann das erste Gericht Berlins, das in einem Bau der Weimarer Republik untergebracht ist.

Noch sitzt das Verwaltungsgericht in einem langgestreckten Gebäude in der Kirchstraße, als Teil des sogenannten Justizcampus Moabit. Sachlichkeit ist auch da Trumpf, freilich ohne

Eleganz. Die Fassade in Beigebraun und Mintgrün macht keinen Hehl daraus, dass das Gebäude Anfang der 1990er Jahre ohne bleibenden architektonischen Anspruch entworfen wurde. Das ist aber nicht der Grund für den geplanten Umzug, sondern die schiere Platznot. Immerhin muss sich das Verwaltungsgericht das Haus auch noch mit der Staatsanwaltschaft und der Amtsanwaltschaft teilen.

Mit Platzproblemen hatte das Verwaltungsgericht davor auch schon zu kämpfen. Als eigenständiges Gericht ist es ein Kind der Nachkriegszeit. Zunächst war es, gemeinsam mit dem Oberverwaltungsgericht, in dem monumentalen Justizpalast in der Hardenbergstraße untergebracht. Als der dann vom Bundesverwaltungsgericht beansprucht wurde, zog man in ein neues Gerichtsgebäude, das genau gegenüber errichtet wurde. Der rechtwinklige Stahlbetonbau der Architekten Georg Forstmann und Bruno Grimmek war 1958 fertiggestellt worden. Grimmek hat auch das Amerika-Haus entworfen, das heute noch den freien Blick auf das ehemalige Gericht versperrt. Ursprünglich war noch ein weiterer Gebäudeflügel geplant, auf den man dann aus Sparsamkeit verzichtete. So mussten die Verwaltungsrichter kräftig zusammenrücken. Schmale Flure und niedrige Räume beherrschten das Ambiente. Auch von außen war unübersehbar, wie sich der Zeitgeist bei den Justizbauten gewandelt hatte. Gerade durch den spannenden Vergleich mit dem vis-à-vis gelegenen Kaiserzeitbau.

Nicht wenige Juristen fremdelten mit dem neuen Stil, wie etwa Martin Baring, Senatspräsident des Bundesverwaltungsgerichts von gegenüber: »Es könnten Geschäftsräume darin sein, eine Versicherungsgesellschaft oder eine Bank könnten darin ihr Domizil haben, aber auch Appartements sehen oft so aus. Kurzum: wir haben es hier mit einem typischen Beispiel der einförmigen, gesichtslosen Architektur der fünfziger Jahre zu tun.«

Das ehemalige Verwaltungsgericht beherbergt heute ein Hotel.

Kirchstraße 7, 10557 Berlin

DAS GEPLANTE GERICHTSZENTRUM DER WEIMARER REPUBLIK

Wohnsiedlungen, Kinos, U-Bahnhöfe, Elektrizitätswerke, Schulen, Kirchen, Fabrikgebäude – für alle Bereiche des Lebens entstehen während der Zeit der Weimarer Republik in Berlin wegweisende Gebäude. Die architektonische Avantgarde zelebriert dabei neue Bauformen und nutzt innovative Materialien. Für alle Bereiche? Nein. Es fehlt die Justiz. Dabei hatte die Berliner Anwaltschaft schon häufig über die langen und beschwerlichen Wege zwischen den drei Landgerichten gestöhnt und einen zentralen Bau gefordert. Man ist sich zwar einig, dass die bestehenden Gebäude der Justizverwaltung großzügig sind und auch in der Aufteilung und Innenstruktur den aktuellen Standards genügen. Nicht zu Unrecht gelten die Baumeister Thoemer und Mönnich als Meister ihres Fachs. Aber die langen Wege stören. Etwas neidisch schaut man auf Hamburg und sein Justizforum.

Schließlich erkennt auch die Preußische Hochbauverwaltung, dass die räumliche Trennung der Gerichte effektives Arbeiten erschwert. Deshalb schreibt sie im Dezember 1929 den »Ideenwettbewerb für Berliner Gerichtsgebäude« aus. Der Ort für dieses Justizzentrum steht bereits fest: Ein großes Areal nördlich des heutigen Hauptbahnhofs, des damaligen Lehrter Bahnhofs, bietet sich als Platz für den Neubau an, da es sich bereits im Besitz der Justizverwaltung befindet. Das auf dem Gelände noch stehende Lehrter Zellengefängnis soll aufgelöst werden. 447 Entwürfe gehen am Ende bei der Verwaltung ein. Es wird ein Triumph für das Neue Bauen. Auf gotische oder barocke Vorbilder – wie bei den Bauten des erst sieben Jahre zuvor aus seinem Amt geschiedenen Rudolf Mönnich – bezieht sich nur eine Handvoll Entwürfe. Es wird modern, sachlich, funktional, schnörkellos. Repräsentative Fassaden oder Eingangshallen sind nicht mehr gefragt. Die wichtigste Anforderung in der Ausschreibung ist die Ordnung der Wege vor und in den Gebäuden. Vorschläge unterbreiten auch der Siedlungsexperte Bruno

Taut, der Erbauer des Funkturms Heinrich Straumer, der große Hochhausvisionär Otto Kohtz oder die Gebrüder Luckhardt: die Speerspitzen der deutschen Architektenschaft. Aber den Wettbewerb gewinnt ein unbekannter Architekt aus dem Büro von Alfred Grenander, der jetzt erstmals unter eigenem Namen antritt: W. W. Zschimmer. Übersichtlichkeit und die Verkehrswege innen und außen sind die Vorzüge seines Entwurfs. Die große Zentralhalle dient nicht der Repräsentation, sondern einer schnellen Verteilung von Personal und Publikum innerhalb des Gebäudes. Rolltreppen und »Massenfahrstühle« sollen dazu eingesetzt werden.

Verwirklicht wird weder dieser Entwurf noch irgendein anderer. Die Weltwirtschaftskrise von 1929 schlägt immer größere Wellen, und es soll nur noch das gebaut werden, was absolut notwendig ist. Schließlich erfolgt am 6. Oktober 1931 eine weitere Notverordnung: Die Errichtung von staatlichen Neubauten ist bis zum 1. März 1934 komplett einzustellen. Die Diskussionen um ein Gerichtszentrum liegen damit auf Eis und bleiben in den Schubladen der Bauverwaltung. Erst Anfang der 1990er Jahre tauchen noch einmal kurz Pläne der Justizbehörde auf, einen zentralen Standort für ihre Gerichte zu schaffen. Zu einem »Gerichtsgarten« soll ein Areal werden, auf dem die Gebäude des ehemaligen Gefängnisses Rummelsburg stehen. Aber ganz schnell verschwinden auch diese Pläne wieder in der Versenkung. Die langen Wege muss man bei der Berliner Justiz noch heute in Kauf nehmen.

EINE NEUE ZEITRECHNUNG

SOZIALGERICHT

2010: Das Sozialgericht steht kurz vor dem Kollaps. Innerhalb von wenigen Jahren hat sich die Zahl der Hartz-IV-Verfahren versechsfacht. 30.369 Anträge innerhalb eines Jahres sind Rekord. Immer mehr Verfahren bleiben unerledigt, Hunderttausende Akten müssen nach Brandenburg ausgelagert werden. Die Kantine wird aus Platzgründen geschlossen. Weitere Büros entstehen im Keller und auf dem Dach. Sogar die speziellen grünen Aktendeckel sind ausgegangen. Sechs Jahre zuvor hatte das Sozialgericht sein 50-jähriges Bestehen gefeiert. Gleichzeitig begann eine andere Zeitrechnung für das Gericht: die Zeit nach Einführung von Hartz IV. Das Arbeitslosengeld II hat die Arbeit an Deutschlands größtem Sozialgericht so verändert wie kein Gesetz je zuvor.

Als das Sozialgericht Berlin im Jahr 1954 gegründet wurde, beherrschten Themen wie Kriegsopferversorgung und Wiedergutmachung nationalsozialistischer Unrechts die Agenda. Damals saß es noch, gemeinsam mit dem Landessozialgericht,

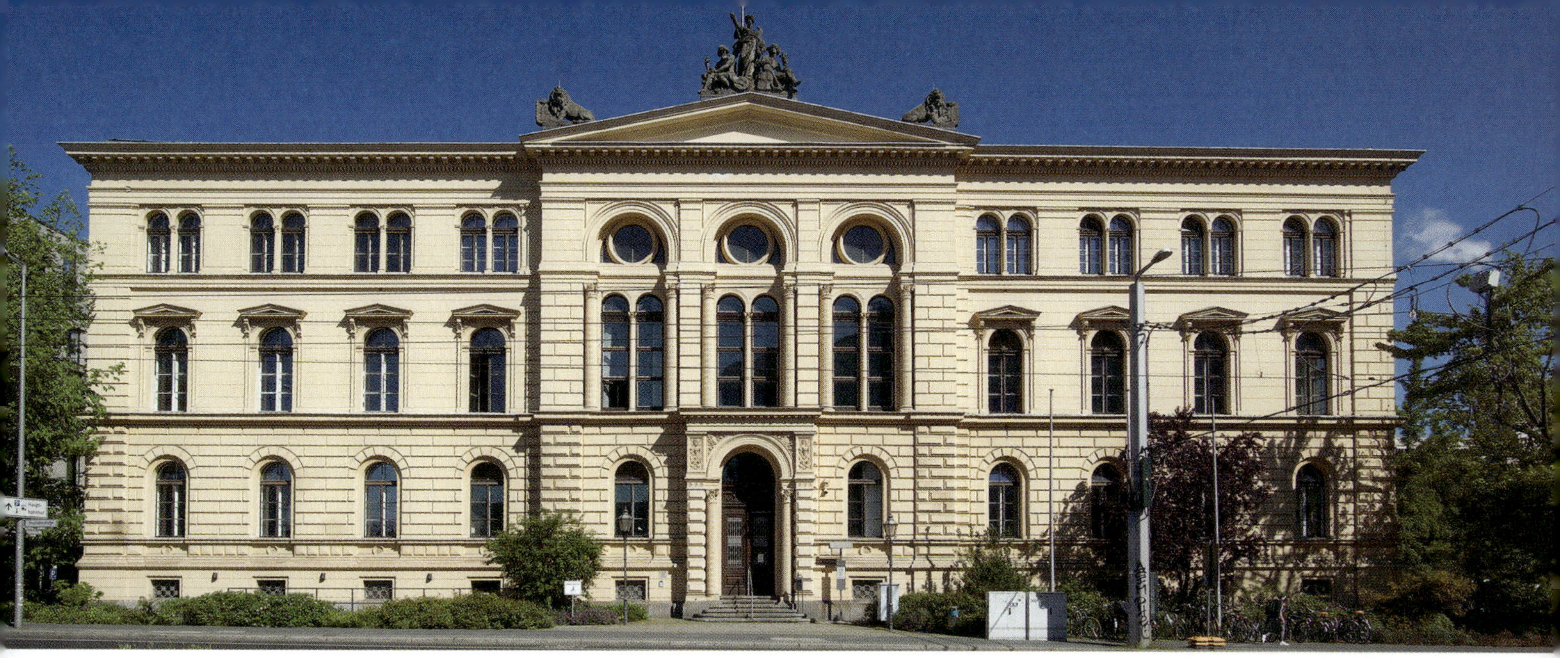

im Gebäude des alten Reichsversicherungsamtes am Reichpietschufer. Das passte sehr gut zu dem neu gegründeten, eigenständigen Gerichtszweig, entschied das Sozialgericht doch nun in vielen Fällen, die früher der kaiserlichen Behörde zugewiesen waren. Das stattliche Gebäude gehörte dem Bund, der nach einigen Jahren die Berliner vor die Tür setzte. Der neue Standort des Sozialgerichts in der Invalidenstraße bedeutete aber keine Verschlechterung. Statt einer Justitia sieht man auf dem Giebel des verspielt gestalteten Baus Allegorien für Handel, Gewerbe und Eisenbahnverkehr, denn das Gebäude war 1875 als Verwaltungssitz der Berlin-Hamburger Eisenbahn-Gesellschaft errichtet worden. Der dazugehörige Hamburger Bahnhof, beide entworfen von Friedrich Neuhaus, steht immer noch nebenan. Nach der Verstaatlichung der Bahn hatten sich hier unterschiedliche Nutzer wohlgefühlt, bis das Sozialgericht sich einrichten durfte. Schmuckstücke sind das Treppenhaus mit seinen reich verzierten Treppengeländern und der große Saal. Hier fühlt man sich tatsächlich wie in einem Renaissancepalast. Die bunt bemalte Decke erinnert an die ursprüngliche Funktion: Eine Frauenfigur hält das Bahnhofsgebäude von nebenan in ihren Händen.

150 Meter vom Grenzübergang Invalidenstraße entfernt, war man damals in einem Niemandsland zwischen Todesstreifen und Lehrter Güterbahnhof gelandet. Der Mauerfall direkt vor der Haustür und der Bau des Hauptbahnhofs veränderten vieles. Die Ausgabe von Begrüßungsgeld im Dezember 1989 an DDR-Bürger war da sicherlich noch die erfreulichste Aufgabe. Kurz bevor mit der Einführung von Hartz IV eine Flut an Klagen das Gericht überschwemmte, konnte dagegen eine wirkliche Katastrophe gerade noch abgewendet werden: Ein Mann, vom Hass auf die Justiz getrieben, spazierte mit 7,5 Kilogramm Sprengstoff und einer Pistole ins Sozialgericht. Damit hätte er einen Großteil des Gebäudes in Schutt und Asche legen können. Verschärfte Sicherheitskontrollen in allen Berliner Gerichten waren die Folge.

Bevor die neue Zeitrechnung mit Hartz IV begann, war zum Glück das Landessozialgericht ausgezogen. Das sitzt seit 2005 in Potsdam und hat mit dem Landessozialgericht Brandenburg fusioniert. Aber inzwischen ist auch etwas mehr Entspannung eingekehrt, die Klagen und die ungelösten Fragen wegen des Arbeitslosengeldes II haben stark abgenommen. Es war sogar Zeit, sich mit dem wichtigen Thema Digitalisierung auseinanderzusetzen. 2018 konnte das Sozialgericht den ersten digitalen Gerichtssaal Berlins präsentieren. Ein Pilotprojekt für elektronische Akten folgte. Außerdem bekamen die Richter Laptops und Zugangsmöglichkeiten von außerhalb des Gerichts – bereits vor der Corona-Pandemie. Auch der Verlust der Kantine kann inzwischen verschmerzt werden. In dem neuen Boomviertel nördlich des Hauptbahnhofs kann man heute unter einer Vielfalt von kulinarischen Angeboten wählen.

Invalidenstraße 52, 10557 Berlin

VON DER MARKTHALLE ZUM MÖBELHAUS

ARBEITSGERICHT

Das Arbeitsgericht hatte Pech: das Pech, erst nach der Kaiserzeit gegründet worden zu sein. Eine eigenständige Arbeitsgerichtsbarkeit war ein sozialpolitisches Projekt der Weimarer Republik. Und als das Arbeitsgericht 1927 seinen Betrieb aufnahm, war die Zeit der großen Justizbauten in Berlin schon vorbei. Vorliebnehmen musste es daher mit dem Vorderbau der Markthalle, die 1886 in der Zimmerstraße errichtet worden war. In das Halbrund des Torbogens setzte man ein Schild, auf dem nun groß »Arbeits-Gericht Berlin« zu lesen war. Immerhin passte ein Schmuckelement an der spätklassizistischen Fassade der Markthalle auch leidlich zum neuen Mieter: Das Sandsteinmedaillon rechts neben dem Eingang zeigt eine Waage. Birnen und Trauben liegen in den Waagschalen. Jetzt sollte es hier nicht mehr beim Obst, sondern beim Arbeitskampf gerecht zugehen.

Das Arbeitsgericht blieb nur einige Jahre in der alten Markthalle. Richtig heimisch wurde es danach auch nirgendwo sonst. Mal saß es im ehemaligen Kriegsministerium, mal in einem alten Hotel, lange Jahre auch im Hinterhof des Buchhandels-Zentrums, in dem einige Lagerräume freigeworden waren. Oder es kam bei anderen Gerichten unter. Das alles galt hauptsächlich für West-Berlin, denn ab 1963 gab es in der DDR keine eigenständige Arbeitsgerichtsbarkeit mehr.

Seit 1994 scheint die Zeit der Umzüge vorbei zu sein. Der jetzige Standort kann sogar wieder mit einer Geschichte auf-

warten, die bis in die Kaiserzeit zurückreicht. Das Arbeitsgericht hat einen Fünfziger-Jahre-Bau an der Genthiner Straße bezogen, der für Möbel Hübner errichtet wurde. Aber bereits 1910 hatte das älteste Möbelgeschäft Berlins hier seinen Sitz und expandierte über die Jahrzehnte immer weiter die Straße entlang. Nach 1990 hatte man für einige Räumlichkeiten keine Verwendung mehr, und das Arbeitsgericht griff zu.

Der streng geometrisch gegliederte Bau wird außen von einem U-förmigen steinernen Rahmen dominiert, innen herrscht Neunziger-Jahre-Atmosphäre. Auch das gemeinsame Landesarbeitsgericht Berlin-Brandenburg ist hier untergebracht. Ein besonderes Möbelstück steht vor dem ehemaligen Möbelhaus: die »Gerichtsbank« des Bildhauers Uğur Özbay. Sie stellt einen Aktenstapel dar, auf den etwas nachlässig eine Richterrobe geworfen ist. Von der Markthalle zum Möbelhaus – irgendwie schließt sich da auch ein Kreis.

Zimmerstraße 90/91, 10117 Berlin und Magdeburger Platz 1, 10785 Berlin

TERROR VOM RICHTERPULT

DER VOLKSGERICHTSHOF

1944

Vier Freisprüche und ein Todesurteil. Adolf Hitler ist außer sich. Viel zu milde ist für seinen Geschmack der Prozess vor dem Reichsgericht wegen des Reichstagsbrandes ausgegangen. Damit das nicht noch einmal vorkommen kann, wird schon bald nach dem Urteil ein neues Gericht gegründet: der Volksgerichtshof. Zuständig für schwere politische Straftaten in erster und letzter Instanz im ganzen Deutschen Reich.

Das neue Gericht bezieht 1935 ein ehemaliges Schulgebäude in der Nähe des Potsdamer Platzes. Es war 1865 vom Schinkel-Schüler Adolf Lohse für das Königliche Wilhelms-Gymnasium errichtet worden. Aber die Tätigkeit des Volksgerichtshofs ist nicht auf seinen Sitz beschränkt. Wenn es opportun erscheint, geht der Volksgerichtshof auch auf Reisen und zeigt Präsenz in anderen Städten. So wie beim Prozess gegen die Geschwister Scholl von der Widerstandsgruppe Weiße Rose, wofür der Vorsitzende Richter Roland Freisler extra nach München kommt.

Roland Freisler: Der Volksgerichtshof ist vor allem mit seinem Namen verbunden, obwohl 106 Richter und 292 Laienrichter am Volksgerichtshof arbeiten und Freisler den Vorsitz erst ab August 1942 übernimmt. Aber ab dieser Zeit, verbunden mit der sich abzeichnenden Niederlage im Krieg, geht der Volksgerichtshof immer enthemmter zu Werke. Die Zahl der Verfahren steigt steil an, die der Todesurteile auch. Zum Sinnbild und unverhohlenen Tribunal der Rache wird der Prozess gegen die »Verschwörer« des 20. Juli 1944, der aus Platzgründen aber nicht in der ehemaligen Schule, sondern im Kammergerichtsgebäude stattfindet. Aber es sind vor allem die vielen kleinen Prozesse wegen Nichtigkeiten, die den Volksgerichtshof zu einem brutalen juristischen Instrument der Unterdrückung machen. 16.700 Urteile spricht der Volksgerichtshof, in 5.200 Fällen verhängt er die Todesstrafe, die Hälfte davon unter dem Vorsitz von Roland Freisler.

Geifernd, brüllend, demütigend führt er die Angeklagten bei Gericht vor. Mit Bravour löst Freisler ein Versprechen ein, das er Hitler in einem Brief gab: »Der Volksgerichtshof wird sich stets bemühen, so zu urteilen, wie er glaubt, daß Sie, mein Führer, den Fall selbst beurteilen würden.«

Eine Plakette im Sony Center erinnert heute an den Standort des Gerichts. Am 3. Februar 1945, bei dem schwersten Luftangriff, den Berlin erlebte, wurde auch der Volksgerichtshof getroffen. Unter den Trümmern: die Leiche von Roland Freisler. Er soll auf dem Weg in den Luftschutzkeller noch einmal umgekehrt sein, um eine Akte zu holen.

Bellevuestraße 15 (alt), 10785 Berlin

ERSTE UND LETZTE INSTANZ

OBERSTES GERICHT DER DDR

Ludwig Erhard kann nichts dafür, dass man bei ihm jetzt an Schauprozesse und Justizpropaganda denken muss. Seit 2018 heißt die Aula des Bundeswirtschaftsministeriums Ludwig-Erhard-Saal. In diesem größten Saal des Hauses lädt das Ministerium heute zu Empfängen. Früher verurteilte das Oberste Gericht der DDR hier seine Angeklagten. Noch früher versammelten sich hier die Militärärzte des Kaisers.

Das beeindruckende Gebäude an der Invalidenstraße könnte ein perfekter Gerichtsbau sein: historisierende Barockfassade aus edlem Sandstein, gekrönt mit einem Türmchen. Errichtet wurde es 1910 allerdings für die Kaiser-Wilhelm-Akademie. Hier wurde der militärärztliche Nachwuchs ausgebildet, erst für das Kaiserreich, später für das Dritte Reich. Mit der Gründung der DDR mietet sich dann für mehr als zwei Jahrzehnte das Oberste Gericht der DDR ein. Es ist die oberste Rechtsmittelinstanz für die ordentlichen Gerichte, als erste und letzte Instanz, aber auch für bestimmte Strafverfahren zuständig. Diese Verfahren, wahlweise als Schau- oder Geheimprozesse gestaltet, machen das Gericht besonders in den 1950er und 1960er Jahren zu einer wichtigen Säule im Unrechtssystem der DDR.

Globke-Prozess 1963

Die Prozesse folgen der Logik des Kalten Krieges. Der Feind sitzt im Westen, buchstäblich, denn die Sektorengrenze liegt nur wenige Meter weiter westlich an der Invalidenstraße. Wer für den Feind arbeitet oder ihm das Wort redet, muss bekämpft und hart bestraft werden. Oft lautet der Vorwurf »Boykotthetze«. Ein Gummi-Paragraph, abgeleitet aus der DDR-Verfassung, der sich beliebig für alles dehnen und anwenden lässt, was den Interessen der SED zuwiderläuft. 1952 trifft es zwei junge Männer, die zur »Kampfgruppe gegen Unmenschlichkeit« gehören. Die antikommunistische Organisation aus West-Berlin agitiert gegen die DDR und Ost-Berlin. Der Angeklagte Johann Burianek wollte angeblich einen Sprengstoffanschlag auf eine Eisenbahnbrücke verüben. Dem Chemiestudenten Wolfgang Kaiser wird die Planung eines Giftanschlags vorgeworfen, wenngleich er wohl hauptsächlich an Stink- und Nebelbomben bastelte. Beide werden durch die Vizepräsidentin des Gerichts, Hilde Benjamin, zum Tode verurteilt. Weitere 15 Mal verhängt das Oberste Gericht der DDR die Todesstrafe, dutzende Male zum Teil lebenslange Zuchthausstrafen. Die Urteile basieren oft auf Geständnissen, die durch List, Erpressung und Folter in den Haftanstalten der Staatssicherheit vorbereitet werden.

Nicht zu gestehen braucht Hans Globke, Chef des Bundeskanzleramtes unter Konrad Adenauer. 1963 wird er vom Obersten Gericht der DDR wegen seiner tiefbraunen Vergangenheit in einem aufsehenerregenden Medienprozess zu lebenslangem

Zuchthaus verurteilt. Dass Globke gar nicht anwesend ist, sondern gemütlich in Bonn sitzt, stört nicht weiter. Dem Gericht geht es nur darum, die antifaschistische Gesinnung der DDR zu betonen und die BRD vorzuführen. Was auch nicht stört: Erich Melsheimer, der erste Generalstaatsanwalt beim Obersten Gericht der DDR, war unter den Nationalsozialisten Landgerichtsdirektor, wurde als Reichsgerichtsrat vorgeschlagen und war Träger der »Treuemedaille des Führers 2. Klasse«.

Den Ludwig-Erhard-Saal schmückt ein Deckenfries des Videokünstlers und Collagisten Marcel Odenbach. Hunderte blaugetönte Fotos sind darauf zu sehen. Eine Anspielung auf die Macht der Bilder und des Fernsehens. Ob auch ein Bild vom Obersten Gericht der DDR darunter zu finden ist, war nicht in Erfahrung zu bringen.

Invalidenstraße 48, 10115 Berlin

GERICHT AUF ZEIT

OBERSTES RÜCK-ERSTATTUNGSGERICHT

1938 muss der jüdische Chemiker Paul Mendelssohn Bartholdy seine neue Villa im Tiergarten zwangsverkaufen. Nur zehn Jahre hat der Enkel des Komponisten Felix Mendelssohn Bartholdy hier gewohnt. Für die Nationalsozialisten steht das Haus an der Rauchstraße 17 aber nun im Weg. Sie brauchen Platz für ihr Botschaftsviertel am Tiergarten. Sofort nach dem Verkauf wird die Villa abgerissen. Otto March, der Architekt des Olympiastadions, baut hier die Königlich Jugoslawische Gesandtschaft. Nach dem Ende des Nationalsozialismus will die Familie Mendelssohn Bartholdy Wiedergutmachung für das erfahrene Unrecht. Zuständig für den Fall ist das Oberste Rückerstattungsgericht. Sitz des Gerichts: Tiergarten, Rauchstraße 17. Eine merkwürdige Fügung bringt die Nachkommen genau dahin zurück, wo einst ihre Villa stand.

Das Oberste Rückerstattungsgericht war ein Konstrukt der Nachkriegszeit. Es stand außerhalb der deutschen Gerichtsorganisation und seine Befugnisse beruhten auf den Rechten der drei Alliierten. Die Zusammensetzung dieses Gerichtes war daher besonders und symbolträchtig: Die drei Alliierten stellten je einen Richter, drei deutsche Richter wurden vom Berliner Senat ernannt und der Präsident durfte keine dieser vier Staatsangehörigkeiten haben. Gerichtssprachen waren Englisch, Französisch und Deutsch. Von 1953 bis 1990 war die Aufgabe des Obersten Rückerstattungsgerichts, über von den Nationalsozialisten entzogenes Vermögen zu entscheiden. Es klärte hier viele tausend Fälle. Auch der Klage der Mendelssohn Bartholdys wurde stattgegeben. Aus Dringlichkeitsgründen – die Stadtplaner konnten nicht warten – ging es zunächst vor allem um Gebäude und Grundstücke. Dann folgten entzogene Konten oder Wertpapiere und auch private Gegenstände. Es war ein Gericht auf Zeit, auch wenn diese unbestimmt war. Im Gründungsbeschluss hieß es, dass die Auflösung erfolgen sollte, »wenn die ihm obliegenden Geschäfte erledigt sind«.

Die Geschäftsgrundlage der Königlich Jugoslawischen Gesandtschaft hatte sich bereits im Jahr 1941 erledigt. Mit der Zerschlagung des jugoslawischen Staates durch die Nationalsozialisten musste der Gesandte und spätere Literaturnobelpreisträger Ivo Andrić den repräsentativen Bau in bester Tiergartenlage verlassen. Eingezogen ist danach zunächst – und das ist eine weitere, fast absurde Wendung – Alfred Rosenberg, NS-Chefideologe und Reichsminister für die besetzten Ostgebiete. Rosenberg, einer der größten Kunsträuber der deutschen Geschichte, dinierte da, wo einige Jahre später über die Rückerstattung von erbeutetem und enteignetem Eigentum diskutiert werden sollte.

Das Gebäude ist eines der wenigen in der Gegend, die fast unzerstört durch den Krieg gekommen sind. Auch die Frauenkopfplastik von Arno Breker hängt noch an ihrem alten Platz über dem Balkon. Seit 1999 gibt es mit der Deutschen Gesellschaft für Auswärtige Politik einen neuen Nutzer. Im Gebäude finden nun Konferenzen und Vortragsveranstaltungen statt. Eine Bibliothek steht der Öffentlichkeit zur Verfügung. Der einstige Speisesaal und spätere Verhandlungssaal ist heute nach dem Widerstandskämpfer Hans von Dohnanyi benannt. An Paul Mendelssohn Bartholdy wird am Eingang mit einer Gedenktafel erinnert.

Rauchstraße 17, 10787 Berlin

BERLINER GEFÄNGNISSE

Der Kalandshof ist ein Ort der Wohltätigkeit in Berlin. Er gehört der frommen Kalandsbruderschaft, die sich die Hilfe für arme und obdachlose Geistliche auf die Fahne geschrieben hat und auch sonst sehr sittlich gibt. Regelmäßig veranstalten die Brüder im Kalandshof sogenannte Liebesmahle, bei denen zu religiösen Übungen eine leichte Mahlzeit gereicht und mäßig getrunken werden soll. Lästern, fluchen und streiten sind dabei unter Androhung von Strafe verboten. Aber Anspruch und Wirklichkeit klaffen wohl wie so oft auseinander. Die Liebesmahle sind bald als Saufgesellschaft verschrien und der Kalandshof hat ein Imageproblem. Die Stadt kauft den Brüdern den Kalandshof ab – und macht ihn 1696 zum ersten richtigen Stadtgefängnis von Berlin. Für hundert Jahre sitzen hier Berlins Gefangene ein, bis die Stadtvogtei am Molkenmarkt eröffnet wird. Heute ist der Kalandshof längst aus dem Stadtbild verschwunden. Er lag ungefähr da, wo nun der Fernsehturm steht.

Im 19. Jahrhundert geht man dazu über, weitläufige Strafanstalten am Rand von Berlin zu errichten. Die wachsende Stadt und neue, modernere Vorstellungen vom Strafvollzug machen diesen Schritt notwendig. In Plötzensee zum Beispiel baut man ab 1868 auf einer Fläche von 25 Hektar, inmitten eines Kiefernwaldes, das damals größte Gefängnis Deutschlands. Es umfasst nicht nur verschiedene Zellengebäude, sondern zusätzlich Beamtenwohnhäuser, eine Gefängniskirche, ein Lazarettgebäude, eine Schule »für jugendliche Verbrecher«, Küchen, eine Bäckerei, ein Waschhaus, ein eigenes Wasserwerk und eine Gasanstalt. Kein Wunder, dass man damals von Gefängnisstädten spricht. Zum Teil sind sie bis heute noch in Betrieb.

Aber auch einige kleinere Gefängnisse entstanden um die Jahrhundertwende auf dem Gebiet des heutigen Berlins. Das lag am Bauboom der neuen Amtsgerichte, zu denen üblicherweise auch ein eigenes Gefängnis gehörte, das als Untersuchungshaftanstalt oder dem Verbüßen von kurzen Freiheitsstrafen diente. Ein Amtsgerichtsgefängnis wurde immer dann errichtet, wenn das dazugehörige Gericht nicht im Einzugsbereich des Kriminalgerichts Moabit lag und daher bei dem Amtsgericht – wie grundsätzlich üblich – auch Strafsachen verhandelt wurden. Mit der Gründung von Groß-Berlin 1920 vergrößerte sich auch der Zuständigkeitsbereich des Kriminalgerichts und seiner angeschlossenen Untersuchungshaftanstalt, und die Amtsgerichtsgefängnisse in ihrer ursprünglichen Funktion wurden überflüssig. Sie sind aber alle noch erhalten und werden ganz unterschiedlich genutzt.

Namen und Funktionen der Berliner Gefängnisse haben sich über die Jahrhunderte immer wieder geändert. Neben Strafgefängnissen und Untersuchungshaftanstalten gab es Arbeitshäuser, Zuchthäuser, Militärarrestanstalten und Festungshaftanstalten. Die rechtlichen Grundlagen, warum und wo jemand seine Freiheit verlor, waren immer ein Spiegelbild

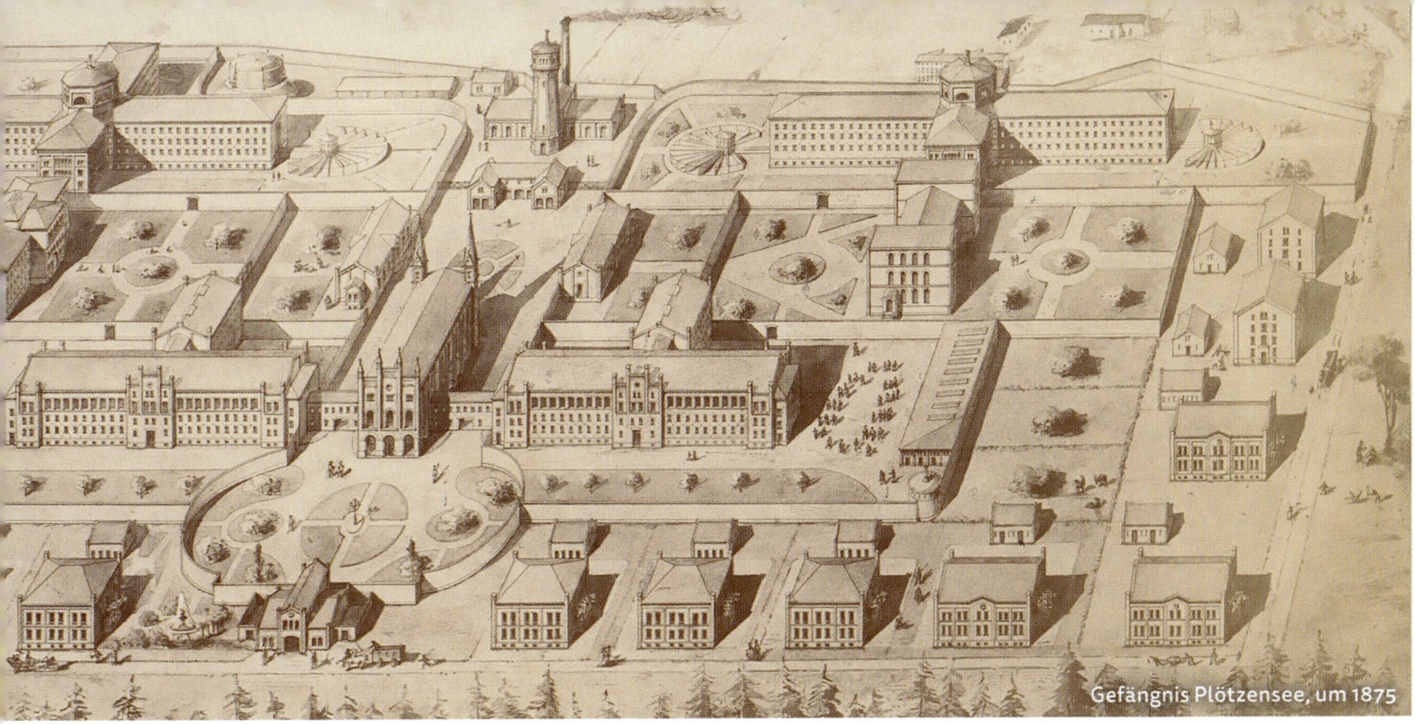

Gefängnis Plötzensee, um 1875

der Gesellschaft und wurden kontinuierlich angepasst. Das Reichsstrafgesetzbuch von 1871 kannte beispielsweise noch vier Arten von Freiheitsentzug: Haft, Zuchthaus, Gefängnis und Festungshaft. Es ist verwirrend. Auch weil einige Begriffe bis heute umgangssprachlich synonym verwendet werden. Dabei gab es durchaus handfeste Unterschiede: Festungshaft war weniger schmachvoll, kam es dafür doch auf eine ehrenhafte Gesinnung an, mit der die Straftat begangen worden war. Hilfreich für die Feststellung einer solchen Gesinnung war, wenn der oder die Verurteilte eine adlige Herkunft vorweisen konnte. Zuchthaus hingegen stellte die härteste Strafe dar, die oft mit schwerer Arbeit einherging, die man hinter Gittern zu verrichten hatte. Erst Ende der 1960er Jahre verschwand in Deutschland – Ost und West – das Zuchthaus als Form der Strafe.

Heute spricht das Gesetz nur noch von Freiheitsstrafe. Und die wird in einer Justizvollzugsanstalt (JVA) abgesessen. Möglich ist dabei auch ein offener Vollzug. Haft im Sinne von Untersuchungshaft gibt es zusätzlich noch und ist gar keine Strafe. In Untersuchungshaft sitzen alle, die noch auf ihren Prozess warten, bei denen die Schwere der vorgeworfenen Tat oder andere Umstände es aber rechtfertigen, sie schon vor einem Urteil hinter Gitter zu bringen. Mit Arrest wiederum ist eine kurze disziplinarische Maßnahme gemeint. Historisch kommt der Arrest aus dem Militärstrafrecht. Eine eigene Militärgerichtsbarkeit gibt es in Deutschland zwar nicht mehr. Der Begriff findet sich aber zum Beispiel noch im Jugendstrafrecht. Jugendarrest soll erzieherisch wirken, ohne dass gleich eine Jugendstrafe verhängt wird. Er erstreckt sich maximal über vier Wochen, kann aber auch mal nur ein Wochenende lang sein. Und was ist mit

dem »Knast«? Der Begriff hat seine Wurzeln im Jiddischen. Dort bedeutet »knasn« bestrafen.

In Berlin gab es aber auch Geheimdienstgefängnisse, Polizeigefängnisse und Konzentrationslager. Warum und von wem Menschen weggesperrt werden, ist nicht nur eine Frage des Rechts, sondern häufig eine Frage der Macht. Mit dem Machtantritt der Nationalsozialisten stieg in Berlin die Zahl der Inhaftierten sprunghaft an. Die offiziellen Gefängnisse reichten dafür nicht aus. Oft sollte auch gar nicht offiziell und bekannt sein, wo Menschen nun gefangen gehalten wurden. Nach Bedarf wurden Keller oder ganze Häuser zu Gefängnissen umfunktioniert. Und diese Praxis endete auch 1945 nicht. In der unmittelbaren Nachkriegszeit wurden von den Alliierten, in allererster Linie von den Sowjets, zahlreiche Orte als improvisierte Gefängnisse genutzt. In einzelnen Fällen wurden diese bis in die 1950er Jahre betrieben und von der DDR übernommen. Während der leidvollen und wechselhaften Geschichte Berlins gab es weit über einhundert solcher irregulären Gefängnisse.

In dieses Buch hat selbstverständlich nur eine bewusste Auswahl an ehemaligen und aktuellen Gefängnissen Eingang

gefunden. Zurzeit besitzt Berlin acht Justizvollzugsanstalten (JVA), unterschieden nach Grund und Zweck des Freiheitsentzugs und danach, wer eine Freiheitsstrafe zu verbüßen hat. Die einzelnen JVA umfassen zum Teil mehrere Standorte. Es gibt unterschiedliche Gefängnisse für Männer, Frauen und Jugendliche. Insgesamt stehen in Berlin gut 4.000 Haftplätze zur Verfügung. Auch wenn einzelne Gefängnisgebäude überbelegt sind: Grundsätzlich sind die Berliner Haftanstalten nur zu 80 Prozent gefüllt. In den letzten zehn Jahren ist die Zahl der Berliner Gefangenen auch kontinuierlich gesunken. Wer jetzt glaubt, dass das ja gar nicht großstadtwürdig ist: Auf 100.000 Einwohner kommen in Berlin 89 Häftlinge. Damit liegt Berlin immer noch deutlich über dem gesamtdeutschen Schnitt von 70 Häftlingen auf 100.000 Einwohner.

Trotz etlicher An-, Um- und Neubauten wird immer wieder zu Recht bemängelt, dass der Strafvollzug in Berlin überwiegend in Gebäuden des 19. Jahrhunderts stattfindet. Für Gefangene und Bedienstete ist das oft eine Herausforderung und Qual. Aber langsam gibt es Bewegung in Richtung Modernität. Nicht nur mit der Eröffnung der neuen JVA Heidering, die – dem alten Muster folgend – am Rand der Stadt entstanden ist. Ab Sommer 2022 sollen nun allmählich alle Zellen in Berliner Gefängnissen mit einem Multimediazugang ausgestattet werden. Damit wird es für die Gefangenen endlich einen legalen Zugriff aufs Internet geben. Willkommen im 21. Jahrhundert!

EHRENHAFTE HAFT

ZITADELLE SPANDAU

Es ist angerichtet. Die Tische unter den schattenspendenden Linden sind reich gedeckt. Vor dem herrschaftlichen Gebäude der Zitadelle Spandau warten die Kammergerichtsräte auf ihre Gäste. Extra aus Berlin sind die Damen angereist. Zunächst steht ein Essen auf dem Programm. Die Stimmung ist bald ausgelassen, man kommt sich näher. Für die eingeladenen Damen ist das nicht ungewohnt. Sie gehen überwiegend einem Gewerbe nach, das die Grenzen der Sittlichkeit deutlich überschreitet. Aber auch die Gastgeber, die Herren Räte, haben sich in den Augen von Friedrich dem Großen unbotmäßig verhalten und sind deshalb zu einem Jahr Festungshaft verurteilt worden. Ihr Vergehen: Sie hatten in einem Prozess ein Ur-

teil gefällt, das dem König nicht genehm war, und den »Mantel der Justiz« gebraucht, »um ihre üblen Passiones auszuführen«. Zur Strafe hat er sie in der Zitadelle einsperren lassen.

Die Zitadelle Spandau entstand Ende des 16. Jahrhunderts zum Schutze der nahe gelegenen Residenzstadt Berlin. Wie fast jede Festung diente das gewaltige Gebäude mit seinen vier Bastionen auch als Staatsgefängnis. »Custodia honesta«, ehrenhafter Gewahrsam, hieß diese Art der Strafe. Ehrenhaftigkeit unterstellte man den meisten dieser Gefangenen. Arbeitszwang gab es für sie nicht, die Bedingungen waren erträglich, vor allem, wenn man die finanziellen Mittel hatte, sich eine gute Behandlung leisten zu können. Die Gründe für die Festsetzung waren häufig politischer Natur. Immer wieder fanden sich Regierungsmitglieder unter den Insassen, die Ränkespielen und Intrigen zum Opfer gefallen waren. Aber auch »ehrenhafte« Hochstapler, Militärs oder Duellanten wurden hier eingesperrt. Einer der bekanntesten Gäste auf der Zitadelle war 1821 Turnvater Jahn, der revolutionärer Umtriebe bezichtigt worden war.

Im Laufe der etwa dreihundert Jahre, in denen die Zitadelle als Gefängnis diente, änderten sich sowohl die Haftbedingungen als auch die Aufenthaltsräume für die Gefangenen. Die Zitadelle war, wie es sich für eine Festung gehörte, hervorragend geschützt. Eine Zugbrücke, die über die Havel zum gesicherten Prunktor führte, stellte den einzigen Zugang dar. Fast jeder

Gebäudeteil, fast jeder freie Raum konnte somit als Gefängnis genutzt werden. Reichlich vorhandenes militärisches Personal machte zudem eine Flucht fast unmöglich.

Gefangene im Juliusturm hatten es weniger komfortabel als die Herren Gerichtsräte. Hier wurden häufiger größere Gruppen an Gefangenen für kurze Zeit untergebracht. Der Schriftsteller Adolf Streckfuß, der mit etwa 500 anderen Aufständischen der Märzrevolution von 1848 hier einen Tag verbracht hatte, klagte: »In den mit Ziegelsteinen gepflasterten Raum wurde nicht einmal Stroh gebracht, damit sich die zu Tode Erschöpften etwas ausruhen könnten, zudem herrschte eine eisige Kälte, so dass sie sich in Haufen zusammendrängen mussten, um nur etwas erwärmt zu werden.«

Als man 1871 Kriegsgefangene aus Frankreich in der Zitadelle unterbrachte, bedeutete das auch eine Genugtuung für Preußen, hatten doch 1806 napoleonische Truppen die Festung Spandau besetzt. Fremde Militärs übernahmen danach noch zweimal die Rolle der Festungsherren: 1945 die russischen Truppen, danach bis 1948 die britische Militärverwaltung.

Seitdem geht es zivil zu auf der Zitadelle. Die Festung hat sich zu einem der beliebtesten Ausflugsziele Berlins entwickelt. Kein Wunder, denn hier kann der Besucher in einem der

am besten erhaltenen Renaissancebauten Europas zahlreiche kulturelle Angebote nutzen. Neben diversen Ausstellungen finden auf der Anlage Mittelalterfeste, Musikfestivals sowie Film- und Theateraufführungen statt. Dazu lässt sich unter Lindenbäumen bei Speis und Trank der Gefängnisalltag der Gerichtsräte von Friedrich dem Großen nachempfinden. Auch die Kälte in den Kasematten ist erlebbar. Ein Gefängnisaufenthalt wäre aber heutzutage nur noch für die Dauer von drei Sommermonaten erlaubt. Die 10.000 Fledermäuse dulden sonst keine Störung in ihrem geschützten Winterhabitat.

Am Juliusturm 64, 13599 Berlin

ES SPUKT IN BERLIN

Immer wieder erscheint Mitgliedern der Herrscherfamilie der Hohenzollern die mysteriöse weiße Frau. Mal wird sie im Stadtschloss gesehen, mal im Jagdschloss Grunewald, mal in der Zitadelle. Die Chronisten sind sich sicher: Hier geht Anna Sydow um, die sich rächt für ihr trauriges Lebensende. Das hat sie tatsächlich in der Zitadelle Spandau verbracht. Ihr Vergehen: Sie war Mitte des 16. Jahrhunderts die Konkubine von Kurfürst Joachim II. Obwohl dessen Sohn Johann Georg hoch und heilig versprochen hatte, die Mätresse nach dem Tod von Joachim frei und unbescholten leben zu lassen, warf man sie in den Juliusturm. Hier starb sie nach dreijähriger strenger Gefangenschaft im Jahr 1575 – um danach als Geist die Hohenzollern zu erschrecken. Die schwere Eingangstür des Turms stammt jedoch nicht aus Anna Sydows Haftzeit, sondern aus den Jahren nach dem Deutsch-Französischen Krieg 1870/71, als hier der sogenannte Reichskriegsschatz lagerte. Der Aufstieg auf das älteste profane Bauwerk Berlins wird mit einem beeindruckenden Panoramablick belohnt.

FLUCHT MIT FOLGEN

ZUCHTHAUS SPANDAU

um 1890

Unruhig und sorgenvoll wartet Carl Schurz vor den Gemäuern des Zuchthauses in Spandau. Der Fluchtversuch seines Lehrers und Revolutionskameraden Gottfried Kinkel am Vortag ist gescheitert, weil der bestochene Wärter die Zellenschlüssel nicht auftreiben konnte. Jetzt, in der Nacht zum 7. November 1850, soll die Flucht über das Dach gehen. Plötzlich sieht Schurz, wie sich ein Dachfenster öffnet und eine dunkle Gestalt erscheint: Gottfried Kinkel, ein eingeschmuggeltes Seil in den Händen.

Während er sich abseilt, lösen sich ein paar Ziegel. Aber er erreicht den Boden unbemerkt. Jetzt schnell zur Ostsee und dann mit dem Schiff ins sichere England, um zwanzig Jahren Zuchthaus zu entkommen. Den beiden Teilnehmern am badisch-pfälzischen Aufstand gegen die monarchischen Truppen gelingt die Flucht. Kinkel wird Professor in London. Schurz zieht es dagegen noch weiter. Er emigriert nach Amerika und wird später Innenminister der USA. Der Wächter Georg Brune kann sich nur kurz über das Bestechungsgeld freuen, bevor er nach der Entdeckung seiner Mittäterschaft eine dreijährige Gefängnisstrafe absitzen muss. Das Zuchthaus existierte noch zwei Jahrzehnte. 1898 wird es schließlich abgerissen. Ursprünglich war das Gebäude das Wohnhaus eines Grafen. Kurfürst Friedrich Wilhelm erwarb es 1686 und wandelte es sogleich in ein Gefängnis um. Die Insassen sollten durch harte Arbeit auf den Pfad der Tugend zurückgeführt werden. »Spinnhaus« wurde das Gebäude aufgrund der hier vorherrschenden Arbeit des Baumwollspinnens genannt. Eine nicht zu unterschätzende Einnahmequelle für das Zuchthaus.

Die Haftbedingungen waren erbärmlich, wie man aus Kinkels verzweifelten Briefen weiß. Schurz entschließt sich zu handeln, »ehe die nagende Qual des Gefängnislebens Kinkels geistige und körperliche Kraft völlig zerstört hätte«. An das prominent gewordene Ausbrecherduo erinnert man heute in Spandau voller Stolz. Die Straße an der Stelle des ehemaligen Zuchthauses trägt den Namen von Carl Schurz. Und im Stadtgeschichtlichen Museum Spandau, ein paar hundert Meter weiter, gibt es eine Skurrilität zu bestaunen: Dort befindet sich eine Eichenholztür mit zwei Riegeln, einem Türspion und einem Schlüsselloch. Auf dem Holz steht geschrieben: »Zuchthaus Spandau. Von der Kinkel-Zelle«. Das Relikt einer folgenreichen Flucht und einer besonderen Freundschaft in den schwierigen Zeiten der Märzrevolution.

Carl-Schurz-Straße 31, 13597 Berlin

HOTEL DAMBACH

DIE HAUSVOGTEI

Zentrale Lage. Prominente Gäste. Das Hotel Dambach scheint eine gute Adresse zu sein. Aber freiwillig checkt hier keiner ein. Denn beim »Hotel Dambach« handelt es sich um die Hausvogtei, ein spezielles Berliner Gefängnis, in dem der verhasste Kriminalrat Heinrich Rudolf Dambach die Verhöre leitet. Es ist die Zeit der »Demagogenverfolgung« in den 1830er Jahren. Die Jugend dürstet nach Revolution, und wer sich als Student den liberalen Burschenschaften angeschlossen hat, macht sich verdächtig – und wird schnell verhaftet. Berühmte Schriftsteller wie Fritz Reuter oder Heinrich Laube sitzen in jungen Jahren als politisch Verfolgte in der Hausvogtei ein und machen sie in ganz Deutschland bekannt. Der Volksmund dichtet: »Wer die Wahrheit weiß und saget sie frei, der kommt in Berlin in die Hausvogtei.«

Die Hausvogtei fungiert in dieser Zeit als Untersuchungsgefängnis des Berliner Kammergerichts, noch mehr jedoch als sprichwörtliches Symbol für Monarchie und Unterdrückung. Eigentlich war die Hausvogtei ein Ort der Hofgerichtsbarkeit, die Adligen und anderen Privilegierten, den sogenannten Eximinierten, vorbehalten war. Aber auch Bedienstete des Schlosses oder Juden fielen in die Zuständigkeit der Hausvogtei. Für die normalen Bürger waren hingegen das Stadtgericht und die Stadtvogtei zuständig.

Doch eximiniert hin oder her – auch in der Hausvogtei waren die Verhältnisse nicht luxuriös. Fritz Reuter schrieb, dass es in den Zellen so feucht war, dass einem die Stiefel von den Füßen faulten.

1885

1750 war die Hausvogtei in die Stallungen an der ehemaligen Jägerbastion gezogen, nachdem dieser Teil der alten Festungsanlage von Berlin geschliffen worden war. Der Platz vor dem alten Jägerhof wurde damals noch wegen seiner unregelmäßigen Umrisse Schinkenplatz genannt. In dem zweigeschossigen früheren Stallgebäude waren nun im vorderen Teil die Gerichtsstube, ein Betsaal und die Richterwohnung untergebracht, während sich nach hinten über zwei Höfe das Gefängnis erstreckte. Wegen der herausgehobenen Stellung der Gefangenen übernahm das Militär die Gefängniswache. Am 18. März 1848 muss das Militär dann das Gebäude selbst bewachen. Die Aufständischen versuchen, die Hausvogtei zu stürmen und in Brand zu setzen. Ohne Erfolg. Aber nach der Revolution von 1848 fällt das Privileg eines eigenen Gerichtsstands für die Eximinierten. Die Hausvogtei hat ausgedient.

Ihr Abriss erfolgt 1891, um Platz zu machen für die Erweiterung der Reichsbank. Die Gegend um den Hausvogteiplatz wird in der Zeit bekannt als Berlins Zentrum der Modeindustrie. Auch das ist längst Geschichte. Heute befindet sich am Ort der ehemaligen Hausvogtei die Botschaft der Mongolei. Im Namen des Platzes bleibt aber ein Stück Berliner Justizgeschichte lebendig.

Hausvogteiplatz 14, 10117 Berlin

DAS GRAUE ELEND

DIE STADTVOGTEI

Ohne Schnupftabak war man verloren! Wer keinen Schnupftabak besaß, kratzte hilfsweise den bröckelnden Putz von den Wänden und stopfte ihn sich in die Nase. Denn die schlechten Gerüche in der Stadtvogtei waren ungefiltert nicht zu ertragen. Als Stadtvogtei bezeichnete man das berühmt-berüchtigte Berliner Stadtgefängnis. Oft war mit dem Begriff aber das ganze Areal gemeint, das sich zwischen dem Molkenmarkt, der Spree und dem Krögel – einer schmalen Verbindung zwischen Wasser und Molkenmarkt – erstreckte. Am Molkenmarkt selbst standen drei alte Stadtvillen, in denen nicht nur der Zugang zum Gefängnis, sondern auch das Polizeipräsidium und die Strafabteilungen des Berliner Stadtgerichts untergebracht waren. Dahinter verschachtelten sich etliche Bauten zu einem Gefängnislabyrinth. Heute existiert von diesem Komplex nur noch – leicht verändert und deutlich vergrößert – das Palais Schwerin.

Vom Palais Schwerin ging im zweiten Stock ein langer schmaler Gang ab, »Kegelbahn« genannt, der das Kriminalgericht direkt mit dem Gefängnis verband. So musste man Untersuchungsgefangene nicht über die Straße ins Gericht führen. Als Gefangener hatte man aber dennoch genug Kontakt nach draußen: Die umliegenden Häuser am Krögel ragten dicht an die Zellenfenster heran, und an der Spreeseite fuhren häufig Boote vor, über die ein reger – offiziell natürlich verbotener – Austausch mit jenen Häftlingen stattfand, die eine Zelle mit Blick aufs Wasser abbekommen hatten. Einen Kontakt nach draußen zu haben, war aber für jeden Gefangenen noch aus einem anderen Grund hilfreich. Nämlich dann, wenn man nicht nur auf dem blanken Boden schlafen wollte. Denn trotz der Enge, des Gestanks und des Ungeziefers in der Stadtvogtei war es für einige der Insassen durchaus attraktiv, sich einsperren zu lassen. Da hatte man wenigstens ein Dach über dem Kopf und feste Mahlzeiten. Noch attraktiver wollte man es den Gefangen aber nicht machen, weshalb man dazu überging, auf Strohballen oder gar Betten in den Zellen zu verzichten. Es war einem als Gefangenen aber freigestellt, sich von Freunden oder der Familie ein Bett in die Stadtvogtei bringen zu lassen. Immerhin.

Im Keller der Stadtvogtei hauste zudem auch noch ein Fuchs. Nein, keiner dieser putzigen Stadtfüchse, auf die man heute so oft in Berlin trifft. »Fuchs« war der Name einer gefürchteten Vorrichtung in der Berliner Stadtvogtei, auf die man

Palais Schwerin um 1890

um 1900

die Insassen spannte, um sie wegen beliebiger Vergehen mit Peitschen- oder Rutenhieben auf die nackte Haut zu züchtigen. Weiblichen Gefangenen ab dem zehnten Lebensjahr blieb der »Fuchs« erspart, »aus Gründen der Wohlanständigkeit«.

Die Stadtvogtei existierte über 100 Jahre im Herzen von Berlin. In diesem Zeitraum verzehnfachte sich die Bevölkerungszahl der Stadt. Das Gefängnis war einfach nicht für diesen gestiegenen Bedarf ausgelegt, verfiel auch zusehends. Die rissige graue Tünche der Außenwände, die zum Sinnbild der erbärmlichen Zustände hinter den Mauern geworden war, ließ ganz Berlin bald nur noch vom »grauen Elend« sprechen. Zur Jahrhundertwende wurde die Stadtvogtei dann endgültig geschlossen. Mittlerweile hatten in Berlin viele neue, moderne Strafanstalten eröffnet. 1935 riss man alles ab, bis auf das Palais Schwerin. Auf dem Gelände bauten die Nationalsozialisten eine Münzprägeanstalt. Die Zellen der Stadtvogtei wurden bis zu ihrem Abbruch noch als Wohnungen an die sozial ganz Schwachen vermietet. »Wanzenburg« hieß es damals. Schnupftabak war bestimmt auch für diese letzten Bewohner dort unentbehrlich.

Molkenmarkt 2, 10179 Berlin

ALTE MÜNZE

Wer sich mal auf dem Gelände der ehemaligen Stadtvogtei umschauen möchte, sollte am besten zu einer Veranstaltung in die Alte Münze gehen. Unter diesem Namen wird seit 2013 das Gelände mit den Gebäuden des alten Münzprägewerks betrieben. Neben diversen Märkten gibt es auch immer wieder Großausstellungen, aber auch wilde Partys und Events finden hier statt. Die Alte Münze bietet zudem jede Menge Ateliers für Künstler und Kreative. Im Palais Schwerin, dem ehemaligen Kriminalgericht, sitzt heute das Deutsch-Französische Jugendwerk.

DAS MUSTERGEFÄNGNIS

ZELLENGEFÄNGNIS LEHRTER STRASSE

um 1939

Der 20. März 1848 ist eine Sternstunde der deutsch-polnischen Freundschaft: »Es lebe Deutschland, es lebe Polen!«, schreit die begeisterte Menge vor den Toren des Zellengefängnisses in Moabit. Gerade haben polnische Aufständische das Gefängnis verlassen und ziehen im Triumphzug Richtung Stadtschloss. Dort erweist sogar König Friedrich Wilhelm IV. den Polen vom Balkon aus etwas widerwillig seine Ehrerbietung.

Kurz zuvor hatte er für die zum Tode verurteilten Polen eine Amnestie ausgesprochen. Sie galten als Hochverräter, da sie das zwischen Russland, Preußen und Österreich aufgeteilte Polen zurückerkämpfen wollten. Aber der Prozess machte den charismatischen Ludwik Mieroslawski und seine Mitstreiter zu Helden. Denn erstmals war die Öffentlichkeit bei einer Verhandlung vor einem Berliner Gericht zugelassen. Eine entscheidende und folgenreiche Neuerung in der Geschichte der Justiz, die den Prozess schon zu Beginn vor ein Problem stellte: Welches Gebäude konnte so viele Angeklagte, Richter, Staatsanwälte, Verteidiger und natürlich die Öffentlichkeit fassen? Die Räume im Kammergericht nicht. Die Lösung war die Kapelle des Lehrter Zellengefängnisses in Moabit: Hier fanden nun die 91 Prozesstage gegen Mieroslawski und weitere 253 Polen statt. Und von hier aus startete nach ihrer Freilassung der Freudenmarsch durch Berlin.

Das Zellengefängnis Moabit war zu diesem Zeitpunkt teilweise noch eine Baustelle. Das fertige Gebäude wurde erst ein Jahr später übergeben. Verantwortlich war der Schinkel-Schüler Carl Ferdinand Busse, der bei Reisen durch Europa in der britischen Strafanstalt Pentonville seine Inspirationsquelle gefunden hatte: Sternförmig angeordnete Flügel mit einem Überwachungsturm zeichneten die Londoner Haftanstalt aus. Auch König Friedrich Wilhelm IV. zeigte sich begeistert und sprach am 26. März 1842 eine Kabinettsorder aus, dass sich von nun an alle Gefängnisbauten im Staate Preußen an der britischen Musteranstalt orientieren sollten. Die Berliner Kopie wurde als preußisches Mustergefängnis schließlich selbst Vorbild für weitere Gefängnisbauten, auch in Berlin. Die strenge Isolation der Gefangenen galt als das neue Ideal des Gefängniswesens. Nicht mehr in überfüllten Gruppenzellen, auch als »Schule des Verbrechens« bezeichnet, sondern einzeln in Isolationshaft wurden die Gefangenen gesperrt. Das sollte nicht als Strafe, sondern vorrangig als Mittel zur Besserung des Einzelnen dienen. »Nutznießer« dieses damals als vorbildlich empfundenen

Systems waren zum Beispiel der Kaiserattentäter Max Hödel sowie der spätere »Hauptmann von Köpenick« Wilhelm Voigt. Erst um 1900 wurde die Isolation etwas gelockert.

Im Nationalsozialismus okkupierte zunächst die Wehrmacht Teile des Gefängnisses. Nach dem gescheiterten Attentat vom 20. Juli 1944 übernahm die Gestapo zwei Flügel als Untersuchungshaftanstalt. Der Jurist Klaus Bonhoeffer und der Schriftsteller Albrecht Haushofer gehörten zu den letzten inhaftierten Widerstandskämpfern am Ende des Zweiten Weltkrieges. Drei Tage vor der Räumung des Gefängnisses wurden die beiden mit 14 weiteren Inhaftierten unweit des Gefängnisses von einem Sonderkommando erschossen. Bei Haushofer fand man Wochen später blutverschmierte, zusammengefaltete Blätter im Mantel. Auf ihnen waren, dicht beschrieben, 80 Gedichte zu lesen: die *Moabiter Sonette*. Im Gefängnis verfasst, sind sie ein beeindruckendes Zeugnis für den literarischen Widerstand.

Bevor das Gefängnisgebäude Ende der 1950er Jahre abgerissen wurde, diente es auch als letzte Hinrichtungsstätte von West-Berlin. Zwölfmal tat die Fallbeilmaschine ihren Dienst, bis die Todesstrafe im Mai 1949 mit dem Grundgesetz abgeschafft wurde. Vom Gefängnis blieben lediglich die Umfassungsmauer und drei Beamtenhäuser stehen. Aber innerhalb der Mauern lädt seit 2006 eine außergewöhnliche Grünanlage zur Auseinandersetzung mit der Geschichte des ehemaligen Zellengefängnisses ein.

Lehrter Straße 5B, 10557 Berlin

UND EISENGITTERN EIN HAUCH LEBENDIG, EIN GEHEIMES

»IM DREIECK SPRINGEN«

Auch beim sogenannten Hofgang sollten die Gefangenen isoliert bleiben. Dafür dienten drei runde Spazierhöfe, die durch Mauern in jeweils 20 einzelne Höfe in Dreieckform unterteilt waren, wie in Tortenstücke. Allein und in einem emotionalen Grenzzustand konnte man da auch mal »im Dreieck« springen. Diese Dreiecke sind heute in dem Geschichtspark Zellengefängnis Moabit auf verschiedene Weise angedeutet. Die gesamte gärtnerische Anlage, mit Büschen, Bäumen, Installationen und Monumenten, lässt das Gefängnis erfahrbar werden. Die verschwundenen Zellentrakte werden durch Wege und abgesenkte Rasenflächen angedeutet. Eine Zelle ist mit Betonwänden nachgebaut. Beim Betreten erklingen die *Moabiter Sonette* von Albrecht Haushofer. Auf den Gefängnismauern sind ebenfalls Zitate von Haushofer zu lesen. Eine versteckte grüne Oase in der Stadt voller Geschichte.

SONNET VON ALBRECHT HAUSHOFER

Zuweilen kommt Besuch: das Eisengitter,
Für mich Gefängnis, ist für andre Rast,
Ein Spatzenpaar ist gerne da zu Gast,
Ein Spatzenfräulein und ein Spatzenritter.

Sie lieben sich in Zank und Zärtlichkeit,
Sie haben schnäbelnd viel sich zu erzählen,
Und wollt ein andrer Spatz die Spätzin wählen,
So gäb es einen fürchterlichen Streit.

Wie seltsam ist es, ungehemmtem Leben
In Fesseln voller Frage nah zu stehn –
Ob mich die flinken, schwarzen Augen sehn?

Sie schauen fort. Ein Tschilp. Ein Flügelheben,
Der Eisenrost ist leer. Ich bin allein.
Wie gerne möcht ich bei den Spatzen sein.

ROSAS ZELLE

FRAUENGEFÄNGNIS BARNIMSTRASSE

um 1930

So viel los ist selten in der Barnimstraße. Es ist der 18. Februar 1916 und noch sehr früh am Morgen. Unter den erstaunten Anwohnern macht das Gerücht die Runde, die Herzogin von Luxemburg werde erwartet. Tatsächlich geht es um eine Luxemburg, aber »nur« um Rosa Luxemburg, die aus dem Frauengefängnis entlassen werden soll. Fast tausend Frauen mit Blumenschmuck und anderen Geschenken warten auf die Sozialistin. Die Gefängnisleitung will die prominente Gefangene durch ein Seitenportal unbemerkt ins Freie lassen, aber die Menge bekommt schnell davon Wind. So gibt es doch großen Jubel für Rosa Luxemburg. Und diese hat, obwohl gesundheitlich angeschlagen, eine Nachricht für die Arbeiterfrauen: »Ich bin mit großer Arbeitslust in die Freiheit zurückgekehrt!« Knapp ein Jahr hat sie eingesessen, für eine Rede, in der sie zur Befehlsverweigerung aufgerufen hatte.

Es war bereits ihr zweiter Aufenthalt in der Barnimstraße nach einer zweimonatigen Haft 1907. Damals stand das marode gewordene Gebäude kurz vor dem Abriss. Aber dann kam es anders: Nach Sanierungen und ergänzt durch einen großen Erweiterungsbau entstand 1913 das modernste Gefängnis der Stadt. Dazu gehörten auch die Mutterzellen mit Spielsachen, in denen inhaftierte Mütter mit ihren Kindern wohnen durften.

Ursprünglich war das Backsteingebäude nicht als Frauengefängnis, sondern 1864 als Schuldgefängnis gebaut worden. Aber da die Schuldhaft in Preußen vier Jahre später abgeschafft wurde, erhielt der Bau als »Königlich-Preußisches Weiber-Gefängnis« eine neue Bestimmung. Zunächst waren die Insassinnen überwiegend Prostituierte, aber gegen Ende der Kaiserzeit befanden sich immer mehr politisch engagierte Frauen unter den Gefangenen. Während des Nationalsozialismus nutzte auch die Gestapo das Gefängnis als Untersuchungshaftanstalt. Für viele Frauen aus Widerstandsgruppen war die Barnimstraße Zwischenstation zur Hinrichtungsstätte in Plötzensee.

Nach dem Zweiten Weltkrieg war das Gefängnis aufgrund der Teilung der Stadt hoffnungslos überfüllt. Da sich alle Männerhaftanstalten im Westteil Berlins befanden, mussten für kurze Zeit auch Männer aufgenommen werden. 1951 wurde ein Aufstand der inhaftierten Frauen niedergeknüppelt. Mangelnde Instandsetzungen, desaströse hygienische Zustände inklusive Läuse und Wanzen führten 1974 zur Schließung. Anwohner der Plattenbauten, inzwischen rings um das Gefängnis errichtet, erinnern sich an Tausende von Ratten, die sich vor der Sprengung des letzten Vorkriegsgebäudes auf die Straßen retteten.

um 1930

ERICH HONECKERS ERSTE FRAU

Kaum einer kannte die Berliner Gefängnisse so gut wie Erich Honecker. Als junger Kommunist saß der spätere Staatschef der DDR im Zellengefängnis in der Lehrter Straße, verbrachte nach dem Mauerfall eine Nacht in Rummelsburg und erwartete 1992 seinen Prozess in der JVA Moabit. Aber das ist noch nicht die ganze Geschichte: Ab 1937 ist Honecker im Zuchthaus Brandenburg inhaftiert. Von dort wird er 1944 als Teil eines Gefangenen-Arbeitskommandos nach Berlin gebracht und im Frauengefängnis Barnimstraße stationiert. Der gelernte Dachdecker soll Bombenschäden ausbessern. Als das Frauengefängnis bei einem Luftangriff getroffen wird, rettet er mit beherztem Einsatz und mithilfe der Gefängnisaufseherin Charlotte Schanuel viele Leben. Kurz darauf wird er beim Gefängnis in Lichtenberg eingesetzt, flieht von da aber spektakulär über das Dach in die Freiheit. Er findet bei Charlotte Unterschlupf, bis er sich aus Rücksicht auf sie stellt. Auch dank ihrer Fürsprache bleibt seine Flucht ohne Folgen. Nach dem Krieg in Freiheit, wohnt er dann wieder bei Charlotte und heiratet sie kurz vor Weihnachten 1946. Gefängnisaufseherinnen aus der Barnimstraße geben die Trauzeugen. Doch kein halbes Jahr nach der Hochzeit stirbt Charlotte Schanuel an einem Hirntumor. Erich Honecker hat nie öffentlich über sie gesprochen.

Heute üben auf der Freifläche Kinder Fahrradfahren und lernen Verkehrsregeln. Ein Audio-Gedenkpfad lässt das ehemalige Frauengefängnis seit 2015 lebendig werden.

Mit dem Gefängnis verschwand einer der unbekanntesten und vor allem exklusivsten Gedenkorte Berlins: die ehemalige Gefängniszelle von Rosa Luxemburg. Schon 1950 war sie als Gedenkzelle eingeweiht worden. Für die Öffentlichkeit war der Raum, der sich mitten im Gefängniskomplex befand, jedoch nicht bestimmt. Die Blumenkränze wurden trotzdem regelmäßig ausgetauscht. Angeblich ist die Zellentür dem Museum für Deutsche Geschichte in der DDR übergeben worden. Heute gibt es keine Spur mehr von der Tür.

Weinstraße 2, 10249 Berlin

FALLBEIL UND STRANG

JUSTIZVOLLZUGSANSTALT PLÖTZENSEE

Es ist ganz dunkel im Strafgefängnis Plötzensee. Bombentreffer haben die Stromleitungen beschädigt und Löcher in die Mauer des Hauses gerissen, in dem die Gefangenen auf ihre Hinrichtung warten. Nun soll alles ganz schnell gehen. Die zum Tode Verurteilten müssen antreten, acht in einer Reihe, und werden in den Ziegelschuppen geführt, der gleich neben dem zerbombten Gefängnistrakt steht. Dort gibt es ein Fallbeil, doch auch das haben die Bomben beschädigt. Den Gefangenen wird schnell eine Schlinge um den Hals gelegt. Dann henkt man sie an einem Stahlträger. Acht nebeneinander. Dann die nächsten acht. Im Kerzenschein des Hinrichtungsschuppen von Plötzensee werden in der Nacht des 7. September 1943 auf diese Weise 186 Menschen hingerichtet. Mehr als während der gesamten Zeit der Weimarer Republik in ganz Deutschland.

Bereits 1887 wurde das Gefängnis Plötzensee zu dem Ort bestimmt, wo in Berlin die Todesstrafe vollstreckt werden

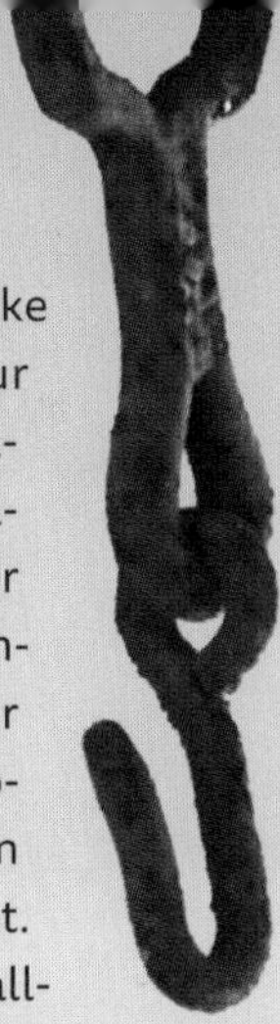

sollte, üblicherweise mit einem Handbeil in einer Ecke des Gefängnishofes. Ab 1936 wird verfügt, dass nur noch ein Fallbeil zum Einsatz kommen soll. Die Guillotine wird in Plötzensee in einer kleinen Arbeitsbaracke aufgestellt, in die Ende 1942 noch ein Stahlträger eingebaut wird, mit acht Eisenhaken. Immer enthemmter wird nun in Plötzensee hingerichtet, immer mehr Menschen werden zum Tode verurteilt. Die »Verschwörer« des 20. Juli 1944 werden mit Klaviersaiten an dem Stahlträger hochgezogen, ihr Todeskampf wird gefilmt. Aber um in Plötzensee am Strang oder unter dem Fallbeil zu landen, braucht man kein Widerstandskämpfer zu sein. Ein falsches Wort, ein gestohlenes Brot reichen aus. Bei den geringsten Vergehen urteilen die Gerichte, allen voran der Volksgerichtshof, auf »Wehrkraftzersetzung« oder Hochverrat. 2.800 Menschen lassen unter den Nationalsozialisten in Plötzensee ihr Leben. Ein Massenmord mithilfe der Justiz.

Nach 1945 ist das Gefängnis schwer beschädigt, zwei der ursprünglich vier großen Gefangenenhäuser müssen abgetragen werden. Der Hinrichtungsschuppen, Symbol für die grausamste Zeit des Gefängnisses, bleibt aber unzerstört. Abgetrennt von der Haftanstalt wird er Teil der Gedenkstätte Plötzensee, während auf dem restlichen Gelände wieder der Strafbetrieb aufgenommen wird.

Schon in der Kaiserzeit hatte es in dem Gefängnis ein eigenes Haus nur für jugendliche Straftäter gegeben. Nach dem Zweiten Weltkrieg haben sie das ganze Gelände für sich. Für vier Jahrzehnte war Plötzensee die Jugendstrafanstalt von West-Berlin. In der Zeit etablierte sich der rotzige Spitzname »Plötze«. 1987 zog die Jugendstrafanstalt in einen neugebauten Komplex gleich neben Plötzensee – was neben den besseren

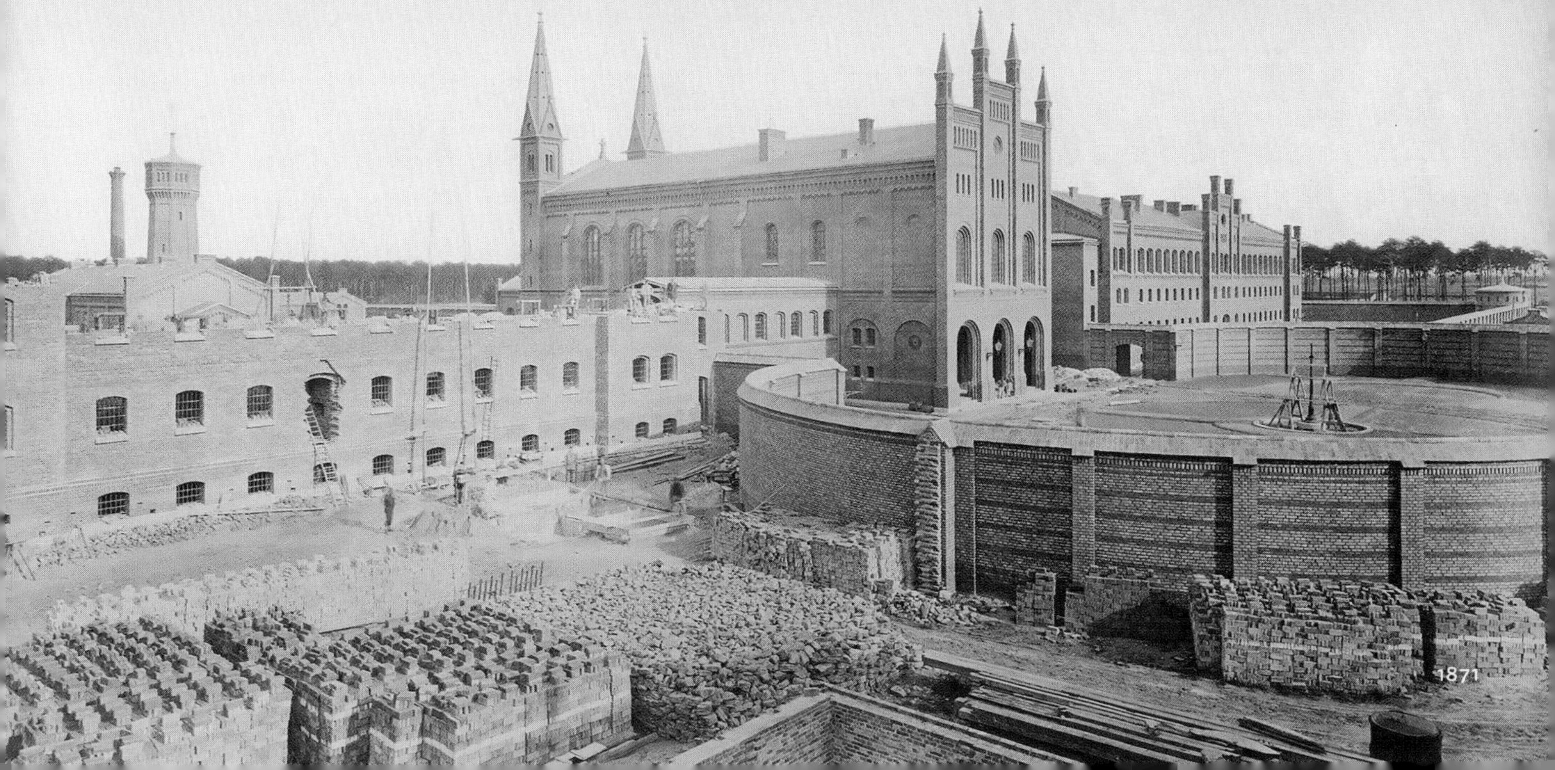

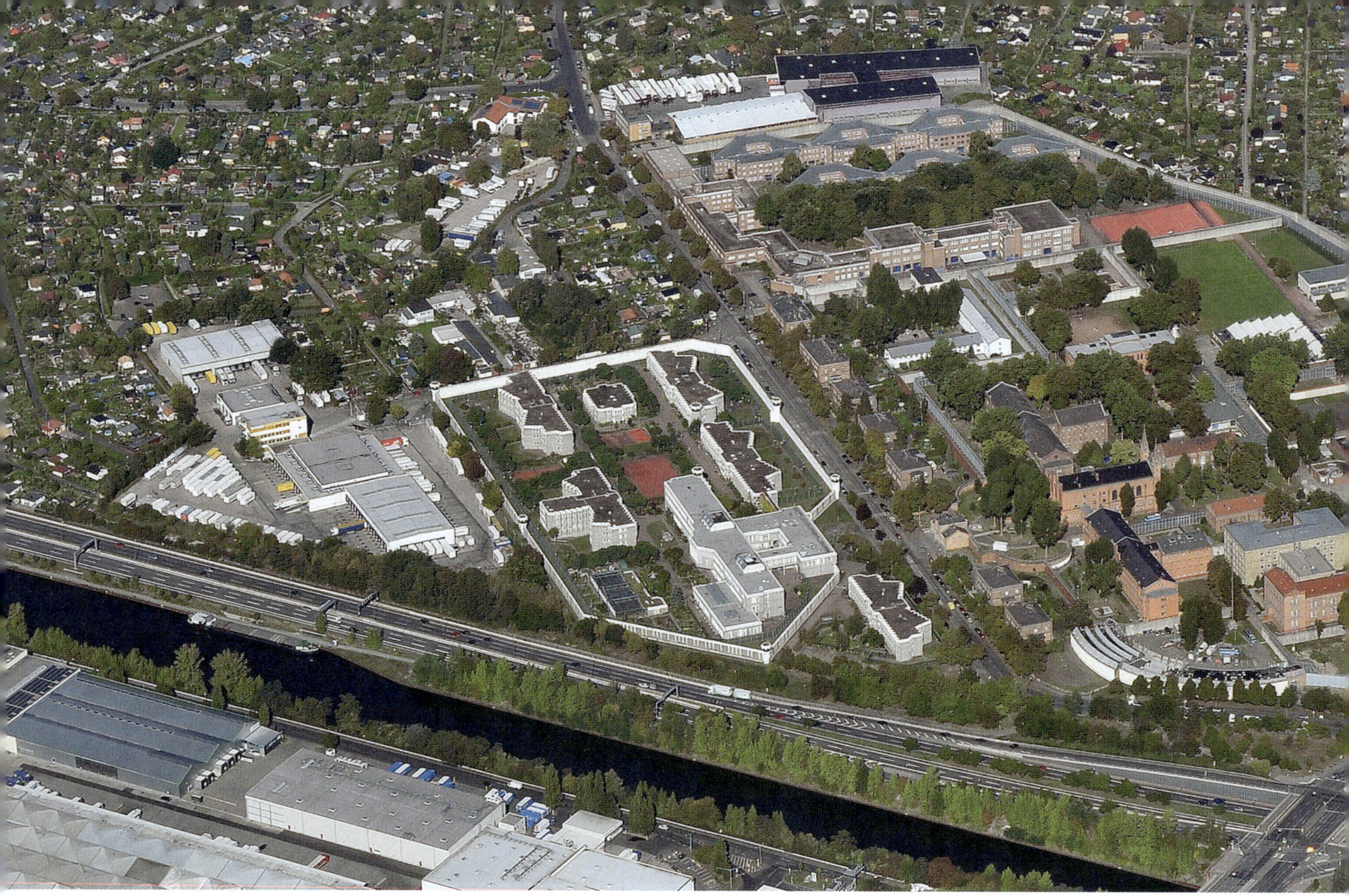

Unterbringungsmöglichkeiten den Vorteil bot, den Spitznamen problemlos weiterverwenden zu können.

Zur JVA Plötzensee gehört heute neben den Resten der historischen Anlage auch noch der Komplex des ehemaligen Frauengefängnisses, das 1985 auf der anderen Seite des Friedrich-Olbricht-Damms errichtet wurde. Die grauen Betonbauten erinnern ein wenig an sozialen Wohnungsbau. Moderner wirkt das zentrale Haftkrankenhaus, das ebenfalls zur JVA Plötzensee gehört. Es bietet 116 Plätze für alle Berliner Gefangenen, die medizinisch betreut werden müssen.

Als die Strafanstalt Plötzensee 1878 nach Plänen des Architekten Heinrich Herrmann fertiggestellt worden war, galt sie

als modernste und größte Strafanstalt Deutschlands. Und sie lag weit abseits der Stadt. Auf gewisse Weise tut sie das noch immer. Wasser, Autobahn und Kleingartenanlagen trennen Plötzensee räumlich von jedem urbanen Bezug. Ein Gefängnisarchipel, in dem, rechnet man die Jugendstrafanstalt dazu, heute mehr Gefangene untergebracht sind als irgendwo sonst in Berlin.

Friedrich-Olbricht-Damm 16, 13627 Berlin

1928

PARTY WIE IN PLÖTZENSEE

Für alle, die ein bisschen Gefängnisatmosphäre schnuppern wollten, ohne gleich straffällig zu werden, bot Berlin ab 1927 eine ganz besondere Attraktion: das »Sing Sing« in der Chausseestraße, benannt nach dem berühmten Gefängnis im US-Bundesstaat New York. Das Lokal im Zuchthaus-Look war dem Speisesaal der Strafanstalt Plötzensee nachempfunden. Ex-Häftlinge hatten bei der Einrichtung beratend zur Seite gestanden. Die Bedienungen und die gelegentlich auftretende Band trugen Sträflingskleidung, das Essen wurde in Blechnäpfen serviert. Wenn nach Mitternacht die Stimmung auf dem Höhepunkt war, wurde ein elektrischer Stuhl hingestellt. Der versprach für die Mutigen und Betrunkenen ein bisschen zusätzlichen Nervenkitzel, aber zum Glück nicht mehr. 1933 war die Party im »Sing Sing« vorbei. Die Nationalsozialisten waren für solch einen Spaß nicht zu haben.

1990

SCHUFTEN UND STRAFEN

GEFÄNGNIS RUMMELSBURG

Er treibt sich rum, gilt als arbeitsscheu und bettelt. Außerdem ist er aufsässig und hat Beamte beleidigt. Das Verhalten von Adolf B. muss korrigiert werden. So heißt es in seiner Patientenakte. Im Gefängnis hat Adolf B. bereits gesessen. Daher geht es für ihn im Jahr 1886 nach Rummelsburg. Hier befindet sich seit 1879 das Berliner Arbeitshaus. Arbeitshäuser existieren damals schon länger in Preußen. In diesen Arbeitserziehungs- oder Korrektionsanstalten soll bestraft und gleichzeitig erzogen werden. Vom »Corrigenden« Adolf B. erwartet man, dass er sich in Rummelsburg zu einem besseren Menschen entwickelt.

Stadtbaurat Hermann Blankenstein, verantwortlich für Dutzende von Behördengebäuden der Kaiserzeit, ließ die Anlage an der Spree mit insgesamt 23 Backsteingebäuden errichten. Die Vorgängerinstitution am Alexanderplatz hatte dem Bau des neuen Polizeipräsidiums weichen müssen. Das Arbeitshaus Rummelsburg galt als die größte und modernste Einrichtung seiner Art in ganz Preußen. Mehr als 1.000 »Arbeitsscheue«, häufig Bettler, Landstreicher und Prostituierte fanden hier Platz. Harte körperliche Arbeit sollte sie auf ein »normales«, also vor allem auf ein arbeitsames Leben vorbereiten. Ob in Manufakturen, Fabriken oder auf den städtischen Rieselfeldern: Die Insassen waren hauptsächlich billige Arbeitskräfte. Zwei Jahre betrug die maximale Dauer der »korrigierenden Nachhaft«.

Nicht nur dies änderte sich im Nationalsozialismus. Als Städtisches Arbeits- und Bewahrungshaus Berlin-Lichtenberg wurde die Einrichtung rechtlich dem noch strengeren Zuchthaus gleichgestellt. Eine Begrenzung der Haftzeit gab es nicht mehr. Mit Homosexuellen und sogenannten psychisch Abwegigen gerieten weitere Gruppen ins Visier der Nationalsozialisten. Rummelsburg wurde eine große Sammelstelle für »Asoziale«. Diesen Begriff gab es schon vor den Nationalsozialisten, aber erst von ihnen wurde er offiziell gesetzlich verankert und zur Grundlage von Verhaftungen gemacht, zum Beispiel 1938 in der Aktion »Arbeitsscheu Reich«.

1951 übernahm die DDR-Volkspolizei das Gelände, auf dem nach einigen Umbauten das zentrale Männergefängnis für Ost-Berlin eingerichtet wurde. Zu den hier Inhaftierten zählten auch einige hundert westdeutsche Gefangene. Es waren vor allem Fluchthelfer, die zu langjährigen Gefängnisstrafen verurteilt worden waren. Meistens wurden sie nach kurzer Zeit »freigekauft« und durften in die Bundesrepublik ausreisen. Nach seiner Entmachtung verbrachte dann auch Erich Honecker im Januar 1990 eine Nacht in Rummelsburg.

Einige Monate darauf öffneten sich für immer die Gefängnistore und ein Großteil der Umfassungsmauern wurde abgerissen. Große Pläne für ein Olympisches Dorf oder ein Gerichtszentrum mit dem wohlklingenden Namen »Gerichtsgarten« kamen und gingen wieder. »Schöner Wohnen« hieß es schließlich in den ehemaligen Gefängnisgebäuden. Die innere Aufteilung der Häuser wurde dafür komplett verändert. Großzügige Wohnungen inklusive Balkone mit Spreeblick bietet das nun »Berlin Campus« getaufte Gelände.

Ein Gebäude jedoch hat seine Geschichte konserviert: Das Haus VII steht etwas separiert nahe am Wasser. Zu Zeiten des Arbeitshauses war es die Arreststation. Der aufsässige Adolf B. musste hier mehrmals eine Sonderstrafe absitzen. Hier befand sich die Krankenzelle von Erich Honecker, und auch Erich Mielke saß hier für zwei Monate ein. »Hotel am See« wurde das Gebäude angeblich zu DDR-Zeiten genannt.

Fünf Gefängniszellen blieben in ihrer Struktur erhalten. Ein wenig Farbe an die Wände, einige speziell angefertigte Möbel und fertig war das Hotelgefängnis, in dem Schauderlustige bis 2019 freiwillig und für Geld übernachten konnten.

Hauptstraße 8, 10317 Berlin

GEDENKORT RUMMELSBURG

Seit 2015 erinnert der Gedenkort Rummelsburg an die bewegende Geschichte dieses Ortes. 21 über das ganze Gelände verteilte Stelen erzählen ausgewählte Biografien vom deutschen Kaiserreich bis zur Friedlichen Revolution 1989. Die Höhe der metallenen Stelen ist identisch mit der jetzt zum größten Teil abgerissenen Gefängnismauer um das Areal. Die jeweiligen Epochen der Haftanstalt sind gekennzeichnet durch verschiedene Oberflächen: Rost für die Kaiserzeit, mattiert für die NS-Zeit, grau für die DDR-Zeit. Persönliche Biografien verdeutlichen die Haftgründe und den Gefängnisalltag. Auf einer der Rost-Stelen findet sich dann auch die Geschichte von Adolf B.

1990

DIE PERFEKTE ÜBERWACHUNG

JUSTIZVOLLZUGSANSTALT MOABIT

Die Grüne Minna hat Hochbetrieb an diesem Wochenende im September 1881. Ohne Pause sind die grünen Pferdekutschen der Polizei Richtung Moabit unterwegs. 1.019 Inhaftierte müssen in die kurz zuvor fertiggestellte Königliche Untersuchungshaft- und Aufnahmeanstalt Moabit kutschiert werden. Die Männer kommen aus der Haus- und der Stadtvogtei, die Frauen aus dem Königlich-Preußischen Weiber-Gefängnis in der Barnimstraße. Statt der unwürdigen Haftbedingungen mit katastrophaler Hygiene und Versorgung erwartet die Gefangenen nun ein neuer Gefängnistyp. In Amerika erfunden, im englischen Pentonville perfektioniert, kopiert für das Lehrter Zellengefängnis und nun mit der Untersuchungshaftanstalt noch einmal weiterentwickelt, wird das panoptische System als Ideal eines humanen Strafvollzugs gefeiert. Nachdem der Schinkel-Schüler Carl Ferdinand Busse das Gefängnis in der Lehrter Straße realisiert hatte, durfte nun sein Sohn August Busse zusammen mit dem Oberbaudirektor Heinrich Herrmann die Königliche Untersuchungshaft- und Aufnahmeanstalt Moabit errichten.

Das Besondere an dem Bau waren die fünf sternförmig angeordneten Flügel mit einem Rundbau in der Mitte. In dieser Zentralhalle, die von einer Kuppel überwölbt wurde, liefen alle Gefängnisgalerien zusammen. Von einem zentralen Inspektionspunkt in dieser Halle aus konnten die Wärter alle Flügel und Zellentüren überwachen, ohne ihre Stellung zu wechseln. Die perfekte und vor allem ständige Überwachung. Um den panoptischen Bau herum standen Verwaltungs- und Wirtschaftsgebäude, ein Krankenhaus, die Küche und das Frauengefängnis. Von außen sichtbar war aber neben der 26 Meter hohen Kuppel vor allem das vorgelagerte Kriminalgericht. Es bildete ein markantes architektonisches Dreieck an der Kreuzung Alt-Moabit und Rathenower Straße. Gericht und Gefängnis waren durch ein weitverzweigtes Treppen- und Gangsystem verbunden. So konnten die Gefangenen ohne Kontakt zur Öffentlichkeit direkt

1963

WHO'S WHO IN MOABIT

Sie alle mussten Moabit kennenlernen: ehemalige Staatschefs und Bürgermeister, ein vermeintlicher Hauptmann und ein fantasievoller Kaufhauserpresser, gefallene Anwälte, Sänger, Schauspieler und Schriftsteller, kommunistische Widerstandskämpfer und RAF-Terroristen – und in den letzten Jahren immer mehr Mitglieder des berüchtigten Remmo-Clans. Manche auch mehrmals. Auch Erich Honecker war hier zweimal inhaftiert – mit einem Abstand von 57 Jahren. Die berühmten Häftlinge von Moabit tragen mit bei zum Mythos dieser innerstädtischen Haftanstalt. Und sie sind auch ein Spiegel der deutschen Geschichte der letzten 130 Jahre.

von ihrer Zelle bis zur Anklagebank geführt werden. Dies galt auch für die Erweiterungsbauten von Gericht und Gefängnis Anfang des 20. Jahrhunderts, denn in der explodierenden Metropole nahm auch das Verbrechen stetig zu. Und die Untersuchungshaftanstalt in Moabit galt nach dem Ersten Weltkrieg als größtes Gefängnis Europas.

Im Zweiten Weltkrieg wurden das Verwaltungsgebäude und das alte Kriminalgericht zerstört. Seitdem hat man einen freien Blick auf den gebogenen Bau des ehemaligen Frauentraktes. In den 1980er Jahren wurde ein isolierter Sonderverwahrbereich ausschließlich für die Terroristen der RAF gebaut. Die Errichtung stieß nicht nur auf Zustimmung. Von einem »Monstrum« war die Rede; die inhaftierten Terroristen gingen aufgrund der als menschenunwürdig angesehenen Isolationshaft in den Hungerstreik. 1989 wurde dieser Hochsicherungsbereich geschlossen. Kritik an den Haftbedingungen in Moabit gab es aber auch danach immer wieder, bis hin zu Klagen ehemaliger Insassen wegen Verletzung der Menschenwürde.

Anscheinend unbeeindruckt davon bleibt das panoptische System mit seinen fünf Armen und der zentralen Kuppel. Weiterhin scheint ihm nichts zu entgehen. Auch 130 Jahre nach der Erbauung wacht die Spinne noch immer über die Insassen der Justizvollzugsanstalt Moabit – eines der wenigen Zeugnisse eines früheren Ideals von Gefängnisbau.

Alt-Moabit 12A, 10559 Berlin

NEUN MONATE IM KELLER

SA-GEFÄNGNIS PAPESTRASSE

Der entscheidende Tipp kam von einem ehemaligen Wurstmaxen. Er hatte seinen Wurststand in der Nachbarschaft der Eisenbahnerkasernen an der General-Pape-Straße. Die SA-Feldpolizei gehörte zu seinen Stammkunden. Mit ihrer »Arbeit« brüsteten sich die SA-Männer so eindringlich, dass der Wurstverkäufer sich auch mehr als ein halbes Jahrhundert später noch daran erinnerte. Er konnte der Geschichtswerkstatt Papestraße das Kasernengebäude zeigen, in dem die SA im Jahr 1933 Menschen gefangen hielt. Der einzige Haftkeller der SA in Berlin, in dem sich noch direkte Spuren nachweisen ließen. Insgesamt hat es wohl mehr als 200 solcher Orte in der Stadt gegeben.

Das Backsteingebäude gehört zu einem großen Komplex, der um die Jahrhundertwende für die Eisenbahnregimenter gebaut worden war. Wahrscheinlich wurde es bis zur Auflösung des Regiments 1918 als Wirtschaftsgebäude genutzt. Mit dem Machtantritt der Nationalsozialisten bezieht die Feldpolizei, eine Sonderformation der SA, das Haus. Ihre Hauptaufgabe: Bekämpfung von Regimegegnern nach dem Reichstagsbrand vom 27. Februar 1933. Mit Akribie und Brutalität widmet sie sich dieser Aufgabe im Keller des ehemaligen Eisenbahngebäudes. Im Dezember 1933 wird das Gefängnis dann wieder aufgegeben. Nach dem Krieg ziehen verschiedene Gewerbe in das Haus. Und bald scheint vergessen, was in den neun Monaten dort geschah. Nur der Wurstverkäufer erinnert sich. Dank ihm kann seit 2013 eine kleine Ausstellung an den Gräuel-Keller der SA erinnern.

Steigt man die Kellertreppen hinunter, wird es kühl und dunkel, es riecht leicht modrig. Sehr behutsam greift die Ausstellungsgestaltung in die historische Bausubstanz des Ortes ein. Unverputzte Wände, Leitungen an den Decken, ein Heizungsraum mit Heizkesseln, eine Tür mit Beschriftung, Vorratskeller … Es wirkt so, als stünde die Zeit still. An den Wänden lassen sich noch Kritzeleien, Zeichnungen, Zahlen und einzelne Wörter erkennen. Sogar der Schattenriss eines jüdischen Kaufmanns ist zu sehen. Informationstafeln erzählen von den schonungslosen Haftbedingungen und brutalen Verhören, die vor allem Mitglieder der organisierten Arbeiterbewegung hier erleiden mussten.

Genaue Zahlen sind heute kaum noch in Erfahrung zu bringen, doch 500 Inhaftierte sind namentlich bekannt. Etwa 30

Menschen wurden in dem Keller umgebracht. Überlebt hat der jüdische Chirurg Erich Simenauer. Direkt von seinem Arbeitsplatz, dem Urban-Krankenhaus, verschleppt, landet er am 1. April 1933 in der Papestraße. Seine Gefangenennummer: 235. Notiert auf einem »Laufzettel«. Plötzlich erkennt ein SA-Wächter in ihm den Arzt, der ihm den Blinddarm operiert hat. »Nicht misshandeln«, schreibt er auf den Zettel. Simenauer berichtet Jahrzehnte später: »Rechts und links von mir wurden einige Leute mit Knüppeln so lange geschlagen, bis sie tot waren, es war entsetzlich. Wenn sie sie wenigstens erschossen hätten, aber sie haben sie zu Tode geknüppelt! Mir hat dieser Zettel das Leben gerettet.«

Werner-Voß-Damm 54A, 12101 Berlin

TOD EINES HELLSEHERS

Am 24. März 1933 warten, wie auch an den vorangegangenen Abenden, Tausende Gäste in der Berliner »Scala« gespannt auf Erik Jan Hanussen. Doch der Star taucht nicht auf. Fast jeder kennt den schillernden Hellseher. Rätselhaft ist sein Verhältnis zu den Nationalsozialisten, mit denen er trotz seiner jüdischen Herkunft sympathisiert. Von gemeinsamen Orgien auf seiner luxuriösen Yacht ist die Rede. Zwei Wochen nach seinem Verschwinden wird sein Leichnam in einem Wald gefunden. Der SA-Sturmführer Rudolf Steinle bekennt später, den Mord begangen zu haben. Bis heute sind die Hintergründe mysteriös. Eventuell wurden Hanussen die Schulden, die viele SA-Leute bei ihm hatten, zum Verhängnis. Sicher ist nur: Auch Hanussen zählte kurz vor seiner Ermordung zu den Häftlingen in der Papestraße.

ENDSTATION DER DICKEN PAULINE

JUSTIZVOLLZUGSANSTALT TEGEL

1930

Vielleicht lag es an der Straßenbahn, dass Tegel zu einem Gefängnis kam. Denn die gab es schon, bevor mit dem Bau des modernsten Gefängnisses für Berlin begonnen wurde. Als 1902 die letzten Arbeiten an der Strafanstalt fertiggestellt waren, verwies man mit Stolz darauf, dass das Zentrum Berlins mit der elektrischen Bahn nur 35 Minuten entfernt sei. Offenbar ein Standortvorteil. Nicht so sehr für die Insassen, die von dieser komfortablen Verkehrsanbindung wenig hatten. Aber für Berlin selbst. Denn die Stadt konnte jetzt ihre Gefangenen zügig und bequem auf Schienen durch die Stadt schicken. Von Gerichten oder anderen Gefängnissen. Natürlich in eigenen, nicht öffentlichen Straßenbahnwagen. Die wurden »Dicke Pauline« genannt und fuhren auf dem regulären Schienenweg nach Tegel. Vor dem Gefängnis zweigten die Gleise ab und führten durch das Anstaltstor geradewegs auf die Gefängniskirche zu.

»Pauline« fasste bis zu 22 Gefangene, deren »Sitzzellen« mit hohen Wänden voneinander getrennt waren. Kontakt war nicht erwünscht, genauso wie im Gefängnis selbst. Die drei großen Kreuzgebäude der Haftanstalt hatten fast nur Einzelzellen, was damals als genauso modern galt wie die komplette Selbstversorgung der Strafanstalt. Darin war Tegel dem Beispiel von Plötzensee gefolgt, wo das Konzept einer »Gefängnisstadt« zum ersten Mal in Berlin umgesetzt worden war. Die Kirche mit ihren zwei Türmen bildete das Zentrum der streng symmetrisch angelegten Anstalt. Gottesdienste in der Gefängniskirche waren auch kein richtiges Gemeinschaftserlebnis. Selbst hier waren die Häftlinge strikt durch Sichtschutz voneinander ge-

1930

trennt. Der versperrte aber zum Glück nicht den Blick auf die Bibelzitate und die einfachen Gemälde. Die hatten die Gefangenen unter Anleitung selbst gemalt.

Bis heute wird viel selbst gemacht in der Justizvollzugsanstalt Tegel. Mehr als ein Dutzend Handwerksbetriebe gibt es hier. Die Bäckerei in Tegel versorgt alle Berliner Gefängnisse mit Brot, Schreiner stellen Büromöbel für die Berliner Verwaltung her, Buchbinder reparieren Berliner Schulbücher. Man baut in Tegel aber auch Fahrradständer, Holzspielzeug oder Vogelhäuschen. Die werden dann im JVA-Shop verkauft, dem einzigen in Berlin. Der Verkaufsschlager zur Weihnachtszeit: Tegeler Knaststollen.

Aber Gefangene in Tegel arbeiten auch als Zeitungsredakteure. *Der Lichtblick* erscheint vierteljährlich, mit einer Auflage von 7.500 Stück, und berichtet von der Welt hinter Gittern. Das Magazin gibt es seit 1968. Es ist die einzige Gefängniszeitung Deutschlands, die nur von Gefangenen erstellt und nicht zensiert wird. Das Abo ist kostenlos.

Das Gefängnis in Tegel ist heute doppelt so groß wie in seiner Anfangszeit, hat aber nur noch halb so viele Gefangene. Es bleibt aber Berlins größter Knast. Mittlerweile macht die alte Bausubstanz Probleme. Eines der drei historischen Zellengebäude musste vor ein paar Jahren abgerissen werden. Zum Glück gibt es schon seit den 1980er Jahren Neubauten auf dem Gefängnisareal. Die sind acht Stockwerke hoch und erinnern ein wenig an Bettenburgen an der Costa Brava. Aber selbst in den alten Gefängnisbauten ist noch Raum für moderne Ideen: In einem der ehemaligen Beamtenwohnhäuser vor der Gefängnismauer wurde Anfang 2021 eine Sicherungsverwahrung im offenen Vollzug eröffnet. Ein umstrittenes Pilotprojekt, das es so nirgendwo sonst in Deutschland gibt. Aber Tegel war ja schon bei seiner Eröffnung vor 120 Jahren Gefängnisavantgarde.

Nur die »Dicke Pauline« fährt nicht mehr. Tegels Gefängnis-Straßenbahn wurde 1927 eingestellt.

Seidelstraße 39, 13507 Berlin

WIE IM FILM
NÖRDLICHE MILITÄRARRESTANSTALT

1950

Eine Sommernacht im Juli 1976. Kurz nach ein Uhr. Zwei Gefängnisaufseherinnen machen ihre Runde durch die schwach beleuchteten Gänge der Haftanstalt. Alles scheint ruhig. Doch als sie um eine Ecke biegen, werden sie schon erwartet. Mit einem Nachschlüssel haben sich vier Frauen selbst aus ihren Zellen gelassen, sind bewaffnet mit Bettspiralen und Toilettenrohren. Die »Wachteln« – Gefängnisjargon für Wärterinnen – haben keine Chance. Sie werden gefesselt und geknebelt, mit Halstüchern und Damenstrümpfen. Über eine unvergitterte Dachluke in der Gefängnisbibliothek gelangen die Ausbrecherinnen nach draußen, seilen sich mit verknoteten Bettlaken sechs Meter hinunter auf die Lehrter Straße ab. Dort wartet schon der Fluchtwagen. Das Ganze dauert nur wenige Minuten.

Der spektakuläre Ausbruch macht das West-Berliner Frauengefängnis über Nacht bundesweit bekannt. Denn die Entflohenen sind nicht irgendwer. Sie gehören zur »Bewegung 2. Juni«, die später zum Teil in der RAF aufgehen soll. »Terror-Mädchen frei«, titelt die *Bild*-Zeitung. Eine der Flüchtigen ist Inge Viett. Sie war wegen diverser Banküberfälle und der Beteiligung an der Entführung des CDU-Politikers Peter Lorenz verhaftet worden. Es war bereits ihr zweiter Ausbruch aus der Lehrter Straße. 1973 war sie mittels einer eingeschmuggelten Feile durch ein Fenster im Fernsehraum der Haftanstalt ausgebüxt.

Eigentlich passte das Gefängnis ganz gut zu Inge Viett und ihren revolutionären Kampfgenossinnen. Immerhin hatte hier schon 1916 der spätere KPD-Vorsitzende Karl Liebknecht eingesessen, wegen Agitation gegen den imperialistischen Krieg. Damals war das dunkelrote Ziegelgebäude noch ein Militärgefängnis. Errichtet wurde es 1900 als Nördliche Militärarrestanstalt. Ab 1947 war es dann das zentrale Frauengefängnis von West-Berlin.

Zu dem Gefängnis gehörte auch ein Gerichtsgebäude, gebaut für das »Oberkriegsgericht des Gouvernements von Berlin, des Gardekorps und des III. Armeekorps«. Nach dem Zwei-

ten Weltkrieg war die Nutzung ziviler und der Name weniger sperrig: Das Strafvollzugsamt hatte lange Zeit hier seinen Sitz, später wurde der Gerichtsanbau noch vom Amtsgericht Tiergarten genutzt.

Der Ausbruch der Terroristinnen führte zum Rücktritt des damaligen Justizsenators Hermann Oxfort und zum Bau einer neuen Frauenhaftanstalt, die 1985 in Charlottenburg eröffnet wurde. Für männliche Gefangene schien die alte Militärarrestanstalt aber noch gut genug. Und so betrieb die JVA Plötzensee bis 2013 hier eine Außenstelle. Nach dem Auszug der letzten Insassen wurde das Gebäude dann gern für Dreharbeiten gebucht. Aber hier ging es ja schon früher wie im Film zu.

Geschnappt wurde die flüchtige Inge Viett nicht. Sie war ab 1982 in der DDR untergetaucht. Zuvor hatte sie einem anderen West-Berliner Gefängnis aber noch einen Kurzbesuch abgestattet: Verkleidet als Anwältin, drang sie 1978 in die JVA Moabit ein und befreite nach einem heftigen Schusswechsel Till Meyer, wie sie ein Mitglied der »Bewegung 2. Juni«. Wilde Zeiten, diese siebziger Jahre.

Lehrter Straße 60/61, 10557 Berlin

KUNST UND LÄRM

Direkt hinter dem Gefängnis wurde 2018 ein Skatepark eröffnet. Passend dazu hat sich die Gefängnismauer zu einer Leinwand für beeindruckende Street Art verwandelt. Bald kann man nicht nur vor dem Gefängnis Lärm und Kunst machen, sondern auch drinnen. Die Zellengebäude werden zu Ateliers und Proberäumen für junge Musiker umgebaut. Wahrscheinlich kam die Idee von einem Elvis-Presley-Fan. »Jailhouse Rock« reloaded, sozusagen.

AUF KURZEM WEGE HINTER GITTER

STADTVOGTEIGEFÄNGNIS

um 1910

Als das gewaltige neue Polizeipräsidium 1890 am Alexanderplatz fertiggestellt ist, glaubt man eigentlich, dass die Zeit der Häftlinge an dem Ort vorbei ist. Auf dem Gelände zwischen Stadtbahn und Alexanderstraße befand sich zuvor das Berliner Arbeitshaus. Hier wurden all jene weggesperrt, die man aus verschiedenen Gründen nicht mehr auf der Straße haben wollte, die wenigsten aber wegen schwerer Verbrechen. Doch im Jahr 1900 wird gleich neben dem neuen Polizeipräsidium auch ein neues Gefängnis errichtet. Weil es die alte Stadtvogtei am Molkenmarkt nicht mehr gibt, bürgert sich der Name Stadtvogteigefängnis für den Bau ein.

Die kalkverputzte Fassade stand im Kontrast zum Backstein des Polizeigebäudes, das dem Präsidium den berühmten Spitznamen Rote Burg einbrachte. Eingeklemmt zwischen Polizeipräsidium und Gefängnis gab es auch noch ein kleines Gerichtsgebäude. Gefängnis, Gericht und Polizeipräsidium

1904

waren über verschiedene Gänge und Türen miteinander verbunden, um den »Geschäftsverkehr zu vereinfachen«, wie es hieß. Aufgreifen, aburteilen, einsitzen – all das ging hier nun am Alexanderplatz auf ganz kurzem Wege, wie man es ähnlich schon von dem Komplex der Stadtvogtei gewohnt war.

Das verschachtelte Gefängnis stand auf einem kleinen Grundstück mit dicht angrenzender Bebauung. Die Außenwände waren daher hoch und kahl, alle Zellenfenster waren zu den fünf Innenhöfen ausgerichtet. Die Zellen selbst waren äußerst niedrig und verteilten sich über fünf Stockwerke. Das Stadtvogteigefängnis war sowohl zum Verbüßen von kurzen Haftstrafen bis zu 14 Tagen als auch zur Untersuchungshaft gedacht. Es entlastete damit gemeinsam mit dem angeschlossenen Gericht den Kriminalgerichtskomplex in Moabit.

Im Zweiten Weltkrieg wird das Polizeipräsidium zerstört, aber das Gefängnis bleibt intakt. Es wird bis in die 1950er Jahre weiter rege genutzt. Ausbruchsversuche aus dem Stadtvogteigefängnis scheinen in dieser Zeit besonders verlockend: Man muss als Häftling nur die Wände zum ehemaligen Polizeipräsidium durchstoßen, um über die Ruine in die Freiheit zu kommen. Mit den Trümmern des Polizeipräsidiums wird später auch das Stadtvogteigefängnis abgetragen.

Fünfzig Jahre lang ist das Gelände des ehemaligen Polizeipräsidiums eine Brachfläche, bis 2007 an gleicher Stelle das terrakottarote Shoppingcenter Alexa eröffnet. Der Zugang zum ehemaligen Stadtvogteigefängnis befand sich ungefähr dort, wo heute der südöstliche Eingang des Einkaufszentrums ist.

Dircksenstraße 14/15, 10178 Berlin

DIE HÖLLE AM TEMPELHOFER FELD

DAS COLUMBIA-HAUS

»Warum schweigt die Welt?«, schreit es aus dem Publizisten Berthold Jacob heraus. Am eigenen Leib hat er erlebt, wie die Nationalsozialisten inmitten Berlins ihre Gegner misshandeln. Im Columbia-Haus habe er den »stärksten Eindruck von der barbarischen Grausamkeit des Naziregimes« erhalten. Nun müsse das Weltgewissen reagieren! Diese Anklage sendet Jacob 1936 aus Paris. Der Jude, Pazifist und radikale Kritiker des deutschen Militarismus war bereits vor der Machtergreifung der Nationalsozialisten in die Schweiz geflohen, dann aber unter abenteuerlichen Umständen von der Gestapo im Ausland entführt und ins Columbia-Haus gebracht worden. Nur dem internationalen Protest ist zu verdanken, dass er wieder entlassen wird. Jetzt kann er von diesem, den Berlinern bis dahin kaum bekannten Ort des Terrors am Rande des beliebten Tempelhofer Feldes berichten: von der »Columbia-Hölle«.

Der Gebäudekomplex mit Kasernen und einer Militärarrestanstalt mit 156 Zellen entstand Ende des 19. Jahrhunderts. In der Weimarer Republik blieb die Arrestanstalt meistens ungenutzt. Doch nach der Machtübernahme der Nationalsozialisten platzt das Gefängnis im Geheimen Staatspolizeiamt in der heutigen Niederkirchnerstraße bald aus allen Nähten. So macht man die Südliche Militärarrestanstalt an der damaligen Columbiastraße zum zweiten Hausgefängnis der Gestapo.

Auch hier wird die Kapazitätsgrenze mit 450 Insassen schnell überschritten, sodass die Haftbedingungen miserabel sind. Das Schlimmste aber ist die brutale Willkür, der die Inhaftierten, viele von ihnen Sozialdemokraten und Kommunisten, ausgesetzt sind. Erniedrigungen und Misshandlungen durch die SS-Wachmannschaften sind an der Tagesordnung. Im Laufe von drei Jahren leiden 8.000 Menschen unter den Gewaltexzessen. Darunter sind Ernst Thälmann, Hans Litten, der junge Erich Honecker und der Rabbiner Leo Baeck.

1935 wird aus dem Gefängnis das »Konzentrationslager Columbia«. Das einzige Konzentrationslager auf Berliner Boden dient SS-Führern auch als Übungsort und Ausbildungsstätte für höhere Aufgaben in den größeren Lagern. Doch 1936 ist Schluss, denn das Gebäude steht etwas Größerem, Bedeutenderem im Weg: dem neuen Flughafen Tempelhof. Die Hölle zieht um nach Sachsenhausen und das Columbia-Haus wird 1938 abgerissen.

Nachdem es lange in Vergessenheit geraten war, erinnert seit 1994 ein Denkmal an das Columbia-Haus und seine Geschichte – bezeichnenderweise auf der falschen Straßenseite. 2022 soll nun am authentischen Ort ein 42 Meter langer, roter Schriftzug aufgestellt werden: »nicht mehr zu sehen«.

WIE COLUMBIA NACH BERLIN KAM

Unweit des ehemaligen Columbia-Hauses stehen die Columbiahalle und das Columbia-Theater und laden zu Konzerten und Kulturveranstaltungen ein. Wenn früher das Columbia-Haus in Berlin für Terror und Gewalt stand, stehen die beiden Institutionen heute für kulturelle Offenheit und Toleranz. Das passt auch viel besser zur Namensgeberin: Das Flugzeug »Miss Columbia« landete 1927 mit den Piloten Clarence Chamberlin und Charles Levine auf dem Tempelhofer Flughafen. Es war der erste Flug von New York nach Deutschland. Die beiden Piloten wurden in Berlin frenetisch gefeiert. Sogar Reichspräsident Hindenburg bereitete ihnen einen Empfang. Zwei Jahre später wurde die Straße am Flughafen in Columbiastraße umbenannt. Heute heißt sie Columbiadamm.

Columbiadamm (gegenüber der Polizeidirektion), 10965 Berlin

um 1905

DER ENGEL DER ROTEN KAPELLE

STRAFGERICHTSGEFÄNGNIS CHARLOTTENBURG

»Nach der Verurteilung hatte ich großes Glück, weil ich in das Gerichtsgefängnis Charlottenburg in der Kantstraße kam«, schreibt die Widerstandskämpferin Helene Jacobs. Von Gesten der Menschlichkeit, einer verbindenden Atmosphäre und beispielhaften Haftbedingungen berichten andere, die hier inhaftiert waren. Sogar das sorgfältig zubereitete Essen und die gut ausgestattete Bibliothek werden gelobt. Fast verklärend klingen die Schilderungen der Überlebenden. Was steckt hinter diesem »guten« Gefängnis?

Erkennen kann man das Gebäude von der Straße aus nicht. Zuerst muss das Strafgerichtsgebäude durchquert werden, um zu dem Backsteinbau mit seinen mittelalterlich anmutenden Giebeln zu gelangen. 1897 war es als korrespondierendes Gefängnis zusammen mit dem Gericht erbaut worden. Ab 1939 saßen hier fast nur noch Frauen ein, vor allem Gegnerinnen des NS-Regimes wie die Mitglieder der Widerstandsgruppe Rote Kapelle. Meistens diente das Strafgerichtsgefängnis in dieser Zeit nur als Zwischenstation für die Gefangenen – vor der Rückkehr in die Freiheit, vor der Verlegung in andere Haftanstalten oder vor der Hinrichtung.

Den Aufenthalt an diesem Ort der Unfreiheit erträglich zu gestalten, gelang dank »Frau Oberin«, wie sie genannt wurde. Die Leiterin des Gefängnisses, Aenne Wieder, »war die Beste, die man sich denken konnte. Sie versuchte, die ihr übergebenen Frauen so gut wie nur irgend möglich zu betreuen«, berichtet die Gefangene Erna Lugebiel später. Die Frauen waren froh, hier und nicht etwa in Moabit oder im Gefängnis in der Barnimstraße gelandet zu sein.

Nicht allen konnte in ihrer Verzweiflung geholfen werden. »Sie nahmen den Namen mir an der Tür, das Wünschen an der Schwelle. Die Träume einzig blieben mir in meiner kahlen Zelle«, schreibt die Widerstandskämpferin Libertas Schulze-Boysen. Nach zwei Monaten in der Zelle wurde sie in Plötzensee hingerichtet.

Zum Ende des Krieges löste sich das Gefängnis fast selbst auf. Der Hauptwachtmeister schloss die Zellen auf und entließ die Gefangenen. Vorher sollten sie sich aber noch den kleinen Lohn für ihre Arbeit im Gefängnis sowie Proviant in der Küche holen. Schnell füllte sich das Gefängnis wieder, zunächst mit deutschen Soldaten auf der Flucht vor der Roten Armee. Anschließend diente das Gebäude bis 1985 als Jugendarrestanstalt. Danach schlummerte nur noch das Archiv des Kammergerichts in den Zellen, bis das ungenutzte Gefängnis verkauft wurde. Heute kann man sich hier selber zum Schlummern legen.

Kantstraße 79, 10627 Berlin

EINCHECKEN IM KNAST

Wo früher Post für die Gefangenen abgegeben wurde, können Gäste jetzt in das Hotel »Wilmina« einchecken. Die Grüntuch Ernst Architekten haben die Herausforderung gemeistert, das Gefängnis in ein Boutique-Hotel umzuwandeln, ohne die Geschichte des Gebäudes zu verleugnen. Immer wieder stößt man beim Weg durchs Haus auf historische Spuren. Ein Großteil der Zellentüren ist erhalten geblieben. Überrascht werden Gäste in einem der Badezimmer: Geht das Licht an, sind hinter einem Leuchtkasten Namen und Kritzeleien auf der ehemaligen Zellenwand zu erkennen. Nötige Veränderungen erfolgten behutsam: Die Helligkeit der Zimmer rührt daher, dass man die einst sehr hoch angebrachten und schmalen Fenster nach unten verdoppelt hat. Die Gitter blieben erhalten, aber eben nur bis zur Hälfte. In einer ehemaligen Zelle soll ein Erinnerungsraum entstehen. Und auch ohne Übernachtung kann man vom Restaurant im Hof aus die besondere Atmosphäre dieses Ortes spüren.

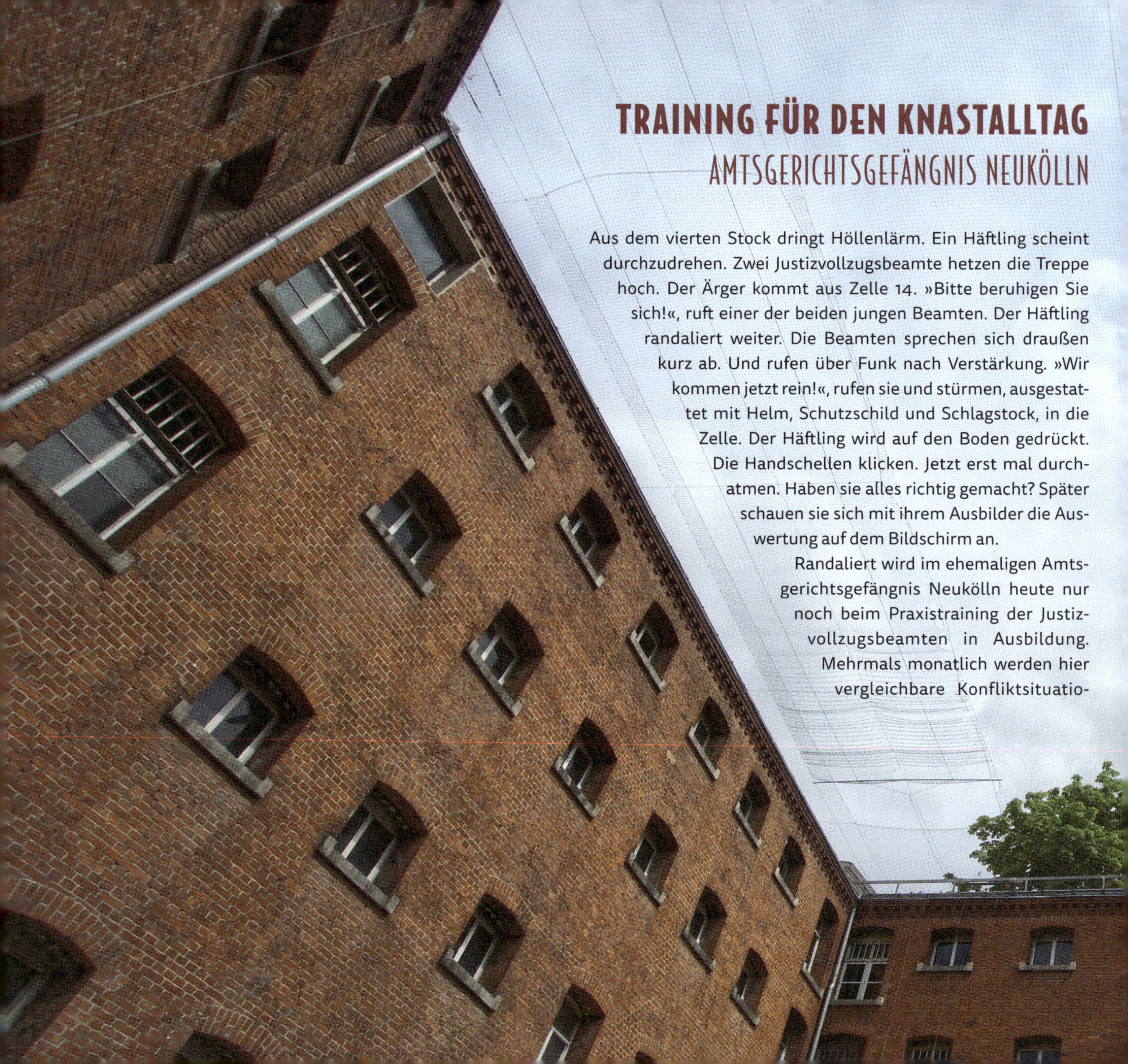

TRAINING FÜR DEN KNASTALLTAG

AMTSGERICHTSGEFÄNGNIS NEUKÖLLN

Aus dem vierten Stock dringt Höllenlärm. Ein Häftling scheint durchzudrehen. Zwei Justizvollzugsbeamte hetzen die Treppe hoch. Der Ärger kommt aus Zelle 14. »Bitte beruhigen Sie sich!«, ruft einer der beiden jungen Beamten. Der Häftling randaliert weiter. Die Beamten sprechen sich draußen kurz ab. Und rufen über Funk nach Verstärkung. »Wir kommen jetzt rein!«, rufen sie und stürmen, ausgestattet mit Helm, Schutzschild und Schlagstock, in die Zelle. Der Häftling wird auf den Boden gedrückt. Die Handschellen klicken. Jetzt erst mal durchatmen. Haben sie alles richtig gemacht? Später schauen sie sich mit ihrem Ausbilder die Auswertung auf dem Bildschirm an.

Randaliert wird im ehemaligen Amtsgerichtsgefängnis Neukölln heute nur noch beim Praxistraining der Justizvollzugsbeamten in Ausbildung. Mehrmals monatlich werden hier vergleichbare Konfliktsituatio-

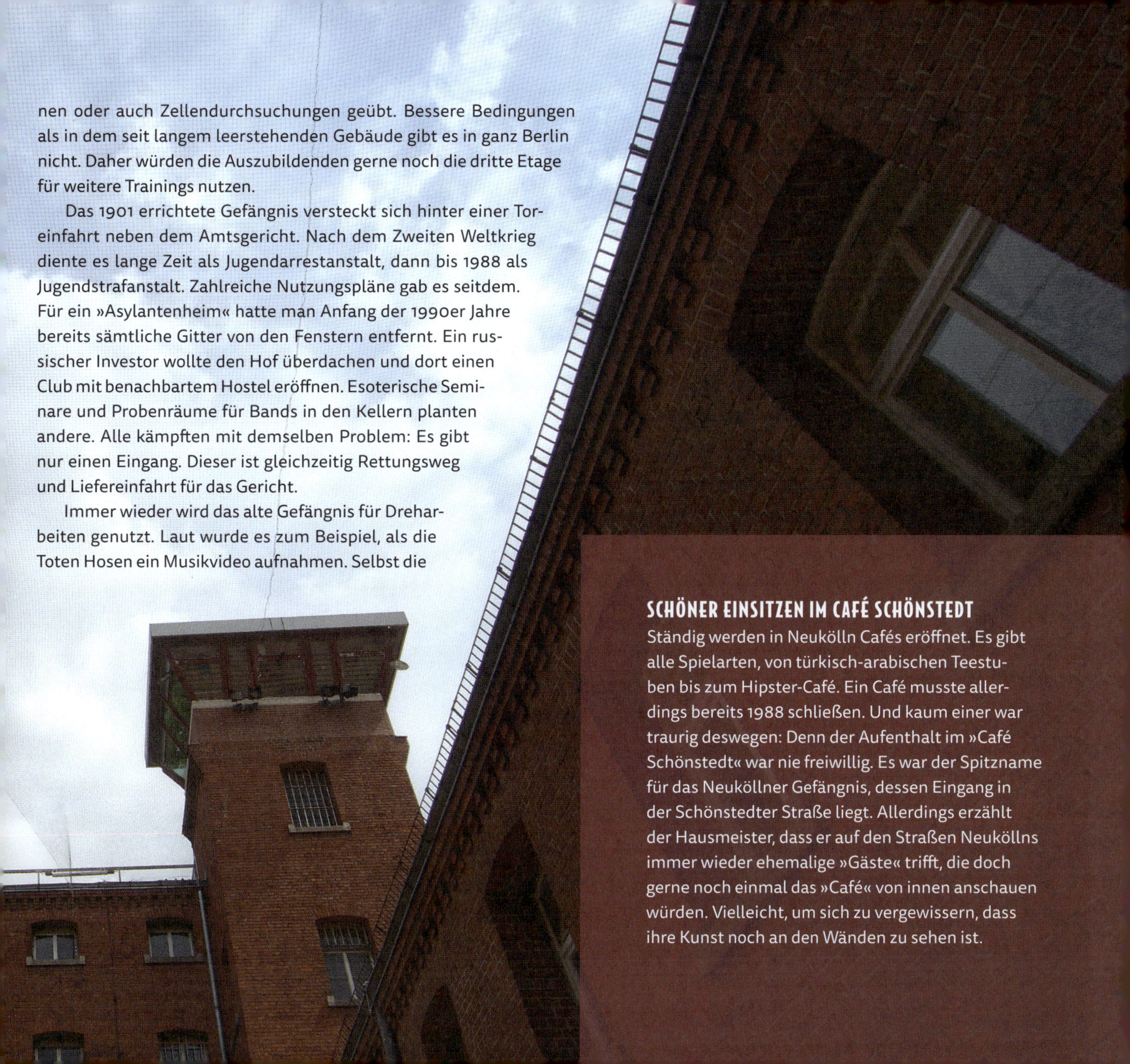

nen oder auch Zellendurchsuchungen geübt. Bessere Bedingungen als in dem seit langem leerstehenden Gebäude gibt es in ganz Berlin nicht. Daher würden die Auszubildenden gerne noch die dritte Etage für weitere Trainings nutzen.

Das 1901 errichtete Gefängnis versteckt sich hinter einer Toreinfahrt neben dem Amtsgericht. Nach dem Zweiten Weltkrieg diente es lange Zeit als Jugendarrestanstalt, dann bis 1988 als Jugendstrafanstalt. Zahlreiche Nutzungspläne gab es seitdem. Für ein »Asylantenheim« hatte man Anfang der 1990er Jahre bereits sämtliche Gitter von den Fenstern entfernt. Ein russischer Investor wollte den Hof überdachen und dort einen Club mit benachbartem Hostel eröffnen. Esoterische Seminare und Probenräume für Bands in den Kellern planten andere. Alle kämpften mit demselben Problem: Es gibt nur einen Eingang. Dieser ist gleichzeitig Rettungsweg und Liefereinfahrt für das Gericht.

Immer wieder wird das alte Gefängnis für Dreharbeiten genutzt. Laut wurde es zum Beispiel, als die Toten Hosen ein Musikvideo aufnahmen. Selbst die

SCHÖNER EINSITZEN IM CAFÉ SCHÖNSTEDT

Ständig werden in Neukölln Cafés eröffnet. Es gibt alle Spielarten, von türkisch-arabischen Teestuben bis zum Hipster-Café. Ein Café musste allerdings bereits 1988 schließen. Und kaum einer war traurig deswegen: Denn der Aufenthalt im »Café Schönstedt« war nie freiwillig. Es war der Spitzname für das Neuköllner Gefängnis, dessen Eingang in der Schönstedter Straße liegt. Allerdings erzählt der Hausmeister, dass er auf den Straßen Neuköllns immer wieder ehemalige »Gäste« trifft, die doch gerne noch einmal das »Café« von innen anschauen würden. Vielleicht, um sich zu vergewissern, dass ihre Kunst noch an den Wänden zu sehen ist.

Rolling Stones haben hier Spuren hinterlassen – zumindest ein Fan der dienstältesten Band der Welt: Im Flur des zweiten Stocks streckt sich den Betrachtern die berühmte rote Stones-Zunge entgegen. Kleine Abweichung vom Original: Die Gefängniszunge hängt mit zwei Ketten an einem Gitter. Gefängniskunst findet sich in jeder Etage. Ein geheimnisvolles Schiff mit Klabautermann fährt einem unsicheren Ziel entgegen, die Panzerknacker sitzen ein mit Fußketten, ein ganzer Flur im Stars-and-Stripes-Look entführt nach Amerika. Aber wie kommt die Kunst in den Knast? Neukölln war seit den 1970er Jahren ein Modellprojekt des Jugendvollzugs. Es gab neben der Tischlerei auch eine Malerwerkstatt. Die jungen Gefangenen durften unter Aufsicht ihre Zellen und die Gänge bemalen. Die Ergebnisse sind immer noch beeindruckend.

Lange nach der Schließung des Gefängnisses öffneten sich die Zellen wieder für die Kunst – im Rahmen des Festivals »48 Stunden Neukölln« 2011. Dutzende Künstler durften sich damals auf unterschiedlichste Art mit diesem besonderen Ort auseinandersetzen. Das alte Amtsgerichtsgefängnis ist zu einer regelrechten Gefängnisgalerie geworden. Die leider regelmäßig geschlossen ist. Und so bleibt das Gefängnis vor allem der perfekte Ort für die Praxisausbildung der Justizvollzugsbeamten. Dafür haben die Trainings-Zellen 2021 sogar neue Möbel bekommen. Die Dekoration zeugt von viel Liebe zum Detail: Pin-ups an der Wand, Zigarettenschachteln, Lebensmittelkonserven, Kreuzworträtsel und Zahnpasta auf dem Tisch. Beim Üben für den Ernstfall soll es so authentisch wie möglich zugehen.

Schönstedtstraße 17, 12043 Berlin

RÄTSEL
100 Seiten in großer Schrift
DER SPIEGEL

BERLINER GERICHTE UND GEFÄNGNISSE IM FILM

Es ist der erste Fall für den jungen Strafverteidiger Caspar Leinen. Er ist spät dran. An den Königskolonnaden vorbei eilt er ins Kammergericht am Kleistpark. Aber das große Treppenhaus und die grünen Kacheln der Gänge, die er entlanghetzt, sind doch unverkennbar im Kriminalgericht Moabit? Als Leinen später seinen Mandanten in der JVA Moabit aufsucht, erscheint im Hintergrund der Wachtturm des Amtsgerichtsgefängnisses Neukölln. So was geht natürlich nur im Film!

Der Fall Collini heißt der Justizthriller von 2019 nach einem Buch von Ferdinand von Schirach, mit Elyas M'Barek in der Hauptrolle. Die Attraktivität der Drehorte steht hier wie so oft vor der Logik des Stadtplans. Aber dieses Beispiel zeigt auch, was für eine Fülle an attraktiven Justizgebäuden der Filmwelt in Berlin zur Verfügung steht. »Man hat den Eindruck, die Architekten hatten einen Wettbewerb, wer das abgefahrenere, das protzigere Gebäude errichtet«, ist auch Uli Hanisch, der Szenenbildner der Serie *Babylon Berlin* begeistert. Er schwärmt vor allem von der »flamboyanten Architektur« der Treppenhäuser. Deren Pracht eignet sich auch für Szenen, in denen es gar nicht um ein Gericht geht. In *Timm Thaler oder Das verkaufte Lachen* (2017) wird das Gerichtsgebäude in der Littenstraße zum Foyer eines Grandhotels. Das Amtsgericht Wedding darf in *Fabian* (2021) eine Universität doubeln. Und das Kammergericht taucht in *Babylon Berlin* sowohl als Reichswehrministerium als auch als Bankgebäude auf. Aber am authentischsten ist es natürlich, wenn auch im Film in den Gerichten Recht gesprochen wird. »Hübsch so ein Gericht, so kalt und sauber. Man kommt sich gleich wie ein Angeklagter vor«, sagt Maria im DEFA-Film *Das Kaninchen bin ich* (1966). Der Schwarz-Weiß-Film lässt die scheinbar endlos langen Gänge des Justizpalastes in der Littenstraße bedrohlicher erscheinen als in Farbe. Farbe gibt es dafür reichlich in der zur selben Zeit in West-Berlin produzierten Gaunerkomödie *Lange Beine – lange Finger* (1966), in dem die Richter Perücke tragen. Der Film soll in London spielen. Aber das ist kein Problem für den großen Saal im Kriminalgericht Moabit.

Babylon Berlin (2017)

Noch viel besser als Gerichte können Gefängnisse Grenzen überschreiten, sehen sie doch innen fast überall gleich aus. In *Monuments Men* (2017) von George Clooney ist das Gefängnis in Lichterfelde die optimale Kulisse für ein Pariser Gefängnis. Steven Spielberg nutze die modrige Atmosphäre des Gefängnisses in der Lehrter Straße als sowjetischen Knast in *Bridge of Spies* (2015). Am weitesten reiste der amerikanisch-deutsche Actionfilm *Half Past Dead* (2002): Das Hochsicherheitsgefäng-

Babylon Berlin (2017)

nis auf der Insel Alcatraz findet sich im Herzen von Berlin, in der Untersuchungshaftanstalt Mitte. Ein Film zum Vergessen, hätte er nicht solche Schäden hinterlassen. Sämtliche Wände wurden dunkel gestrichen und die noch vorhandenen Möbel aus den Zellen entfernt. Mittlerweile gehen der Berliner Immobilienmanagement GmbH (BIM), die für die Vermietung der städtischen Gebäude zuständig ist, aber die Gefängnisse aus. Eines davon ist ein Hotel geworden, ein anderes ein Gedenkort, ein drittes wird bald Musikern offenstehen. Und Gefangene dürfen auch nicht mehr drinsitzen, wenn die Drehteams kommen wollen.

Bei Gerichtsgebäuden ist es dagegen nicht schlimm, wenn sie noch nicht ausgemustert sind. Allerdings darf dort in der Regel nur am Wochenende gedreht werden. Die beliebtesten sind das Kammergericht, das Kriminalgericht und das Gericht in der Littenstraße. Etwa 250 Anfragen gibt es pro Jahr. Fast die Hälfte davon wird genehmigt. Manchmal werden Justizwachtmeister abgestellt, die auf die Filmteams aufpassen. Das kostet natürlich extra. Und Montag früh darf nichts mehr an Redeschlachten, Verfolgungsjagden und falsche Gerichtsdramen erinnern. Dann herrscht wieder Alltag in den Gerichten. Aber der ist manchmal genauso spannend wie ein Film.

ZUM BESUCH IN DIE MAGDALENA

AMTSGERICHTSGEFÄNGNIS LICHTENBERG

Das Gefängnis in Lichtenberg ist besonders. Nicht nur wegen seiner ungewöhnlichen Bauform. Es ist das einzige Berliner Amtsgerichtsgefängnis, das nahezu durchgehend bis heute als Gefängnis genutzt wurde. Als es 1906 eröffnet wird, trennt noch ein kleiner Park das Gefängnis vom dazugehörigen Gericht. Der Zellentrakt zieht sich U-förmig zwischen Alfredstraße und Magdalenenstraße. Zu beiden Straßenseiten liegen vorgelagert die gelb getünchten Wohn- und Verwaltungsräume und an der Westseite ein durch ein Kreuz gekennzeichneter Betsaal, »um das solchen Anlagen anhaftende Aussehen eines rohen Bedürfnisbaus und den sich leicht aufdrängenden unangenehmen Eindruck zu unterdrücken«, wie es in zeitgenössischen Beschreibungen etwas verkniffen heißt. Tatsächlich fällt das Gefängnis selbst heute kaum als solches auf. Auch weil es durch einen knallroten Anbau mittlerweile mit dem Amtsgericht Lichtenberg verschmolzen ist. Doch so harmlos die Fassade auch ist – der »unangenehme Eindruck« lässt sich beim Blick auf die Geschichte des Baus nicht unterdrücken.

In der Anfangszeit verbringen Männer und Frauen noch gemeinsam in Lichtenberg kurze Haftstrafen, ab den 1920er Jahren wohl nur noch Männer, bis das Haus ab 1941 als Frauenjugendgefängnis genutzt wird. Mit dem Einzug der Roten Armee in Berlin ist dann wieder egal, welches Alter oder Geschlecht die Häftlinge haben. Im Gefängnis hat jetzt der sowjetische Geheimdienst das Sagen, und Lichtenberg ist völlig überbelegt. Nicht selten müssen sich fünf Insassen in den kleinen, grellgrün gestrichenen Zellen eine einzige Pritsche teilen. Die Wärter sind regelmäßig betrunken. Und durch die Gefängniskorridore hallen nachts die Schreie: von Männern, die verprügelt werden, und von Frauen, die vergewaltigt werden. Viele Inhaftierte warten als Untersuchungsgefangene auf ihre Verhandlung vor dem berüchtigten Sowjetischen Militärtribunal von Berlin. Es tagt direkt im Gefängnis, im ehemaligen Betsaal. In dem stehen zwar noch die alten Kirchenbänke, aber die Wände sind jetzt mit roten Tüchern behangen. An einem langen roten Tisch sitzen die roten Militärjuristen – und verhängen unter anderem mehr als 200-mal die Todesstrafe.

Ab 1953 wird das Gefängnis von der DDR als Untersuchungshaftanstalt des Ministeriums für Staatssicherheit betrieben, deren Zentrale fußläufig auf der anderen Seite der Magdalenenstraße liegt. Lichtenberg ergänzt die zentrale Stasi-Haftanstalt in Hohenschönhausen, ist Durchgangsstation für politische Gefangene kurz nach der Festnahme oder vor der Haftentlassung. Weil Hohenschönhausen geheim bleiben soll, ist die »Magdalena« – wie das Gefängnis in Oppositionskreisen heißt – auch der Ort, wo Besuchs- oder Anwaltstermine für die Untersuchungsgefangenen der Stasi abgewickelt werden. Dafür werden sogar zusätzliche Baracken im Hof der Anstalt errichtet. Hier finden nun auch Zeugenbefragungen statt, nur hier treffen Botschaftsvertreter auf ausländische Gefangene. Vertraulich bleibt bei diesen Gesprächen nichts: Die Baracken sind vollgestopft mit Abhörtechnik.

Nach der Wende wird die Haftanstalt gründlich saniert und umgebaut. 1998 beginnt der Betrieb als Hauptanstalt der JVA für Frauen. Ein Schwerpunkt liegt hier bei Gefangenen mit Drogenproblemen.

Der Eingang zur ehemaligen »Magdalena« liegt heute in der Alfredstraße. Zu viel Kontinuität wollte man sich bei so einem geschichtsträchtigen Ort sicherlich nicht leisten.

Alfredstraße 11, 10365 Berlin

1906

SPRITZEN AUS DEM AUTOMATEN

Schweizer Wertarbeit ist in aller Welt bekannt. Auch im Frauengefängnis Lichtenberg. Von der Firma Bürki stammt das Modell eines Spritzenautomaten, der im Schweizer Strafvollzug zur HIV- und Hepatitisprävention schon seit Mitte der 1990er Jahre Verwendung findet. Drogenabhängige Gefangene können damit benutztes Spritzbesteck gegen sterile Einwegspritzen tauschen. Auch in Deutschland versuchten es einige Haftanstalten mit den umstrittenen Automaten. So richtig durchsetzen konnte sich die Idee hierzulande aber nicht. Die Justizvollzugsanstalt für Frauen in Lichtenberg ist nämlich das einzige Gefängnis in ganz Deutschland, in dem es einen Spritzenautomaten gibt. Das bedeutet nicht, dass Konsum und Besitz von Drogen in dem Gefängnis legal sind. Zugelassen ist nur der Besitz eines sterilen, unbenutzten Spritzenbestecks. Die Insassinnen bekommen bei Haftantritt einen Spritzen-Dummy ausgehändigt. Damit lässt sich am Automaten dann ein echtes Drogenbesteck ziehen. Wird davon Gebrauch gemacht, muss es sofort wieder in eine sterile Spritze umgetauscht werden. Besonders edel sieht der eidgenössische Automat übrigens nicht aus. Er ist blickdicht, aus Holz und Blech, und hat ungefähr die Größe eines Schuhkartons.

MIT FREUDE ZURÜCK INS GEFÄNGNIS

AMTSGERICHTSGEFÄNGNIS PANKOW

Jubel. Begeisterung. Glückliche Mienen überall. Die Frauen freuen sich, als sie im Januar 2017 in das Gefängnis in der Arkonastraße einziehen. Moment mal, wie kann das sein? Des Rätsels Lösung: Das Pankower Frauengefängnis war für anderthalb Jahre geschlossen. In der Zeit wurden die Gefangenen in Lichtenberg untergebracht, wo sich der Hauptstandort der JVA für Frauen in Berlin befindet. Dort ging es eng zu, man musste sich zu zweit eine Zelle teilen. Viele der Inhaftierten in Lichtenberg haben zudem ein Drogenproblem. Zurück in Pankow, gab es für die Insassinnen nun frisch renovierte Einzelzellen und Blumengemälde an den Wänden. Schließen musste der Frauenknast in Pankow übrigens nicht wegen der Renovierung, sondern weil es Berlin an genügend Bediensteten für den Justizvollzug mangelte.

Es war nicht das erste Mal, dass das ehemalige Amtsgerichtsgefängnis von Pankow dichtmachen musste. Eröffnet 1907, stellte es erstmals 1928 den Betrieb ein. Damals gab es nicht zu wenig Personal, sondern zu wenig Gefangene. Ab 1933 nutzte es die Pankower SA als Stützpunkt. Zum Gefängnis wird das Gebäude wieder 1945, als zunächst der sowjetische Geheimdienst die Kontrolle übernimmt, bevor ab 1950 die Berliner Bezirksverwaltung des Ministeriums für Staatssicherheit hier eine Untersuchungshaftanstalt betreibt. Bis zu 200 Gefangene sind in den Zellen untergebracht. Sie müssen nicht nur Instandhaltungsarbeiten in dem Gefängnis selbst, sondern zum Teil auch private Handwerkertätigkeiten für die Stasi-Bediensteten in Pankow übernehmen. Nach der Wende bleibt das alte Amtsgerichtsgefängnis dann wieder für mehrere Jahre geschlossen.

Der rot-gelbe Klinkerbau ist die Bilderbuchversion eines Gefängnisses aus der Kaiserzeit. Die beiden massiven Türme werden aufgelockert durch abwechselnd runde und spitze Giebel. Sie lassen das Gefängnis wuchtig und verspielt zugleich wirken. Seit 1998 wird der ansehnliche Bau als Teilanstalt der JVA für Frauen in Berlin genutzt. 60 Haftplätze gibt es hier, in der Hauptanstalt im ehemaligen Amtsgerichtsgefängnis in Lichtenberg sind es knapp 90 Plätze. Zusammen mit dem of-

fenen Vollzug stehen für inhaftierte Frauen in Berlin rund 260 Plätze zur Verfügung. Mehr braucht es nicht. Denn im Strafvollzug gilt noch das, was draußen längst zu Recht verpönt ist: It's a man's world! Strafvollzug ist eine Männerdomäne. Anteilig schaffen es Frauen hinter Gittern in Berlin gerade mal so über die Fünfprozenthürde. Bei den Bediensteten im Justizvollzug sieht es aber schon besser aus mit der Gleichberechtigung: Sie sind zu einem Viertel weiblich.

Arkonastraße 56, 13189 Berlin

KNASTBABYS

Kinder im Knast – auch das gibt es. Allerdings nur bis zum dritten Lebensjahr. Wenn Mütter ins Gefängnis müssen oder hinter Gittern von ihrer Schwangerschaft erfahren, gibt es in Berlin die Möglichkeit, das Kind mit ins Gefängnis zu nehmen. Dafür ist ein gesonderter Antrag nötig. Nicht jede Haftanstalt ist dafür geeignet. Und auch nicht jede Mutter.

In Pankow gibt es drei Mutter-Kind-Zellen. Mit Kinderbett, Kuscheltieren und bunten Bildern an der Wand. Die Nachfrage nach solchen Zellen übersteigt bei weitem das Angebot. Die Regel ist immer noch, dass Gefängnisse nicht die richtige Umgebung für ein Kind sind. Aber in Ausnahmefällen kann es im Sinne des Kindeswohls sein, bei der Mutter zu bleiben, auch wenn die einsitzen muss. Männer haben übrigens keine Möglichkeit, ein kleines Kind mit ins Gefängnis zu nehmen.

MORD UND TERROR

AMTSGERICHTSGEFÄNGNIS KÖPENICK

Menschenjagd in Köpenick: Am Morgen des 21. Juni 1933 ziehen SA-Horden von Haus zu Haus. Auf ihrer Liste: Sozialdemokraten, Kommunisten, Juden. Weit über 100 politische, aber auch persönliche Gegner. Die meisten Täter und Opfer stammen aus Köpenick. Man kennt sich.

Einer der Gejagten ist Johannes Stelling, ehemaliger Ministerpräsident von Mecklenburg-Schwerin und nun Reichstagsabgeordneter sowie Mitglied des SPD-Vorstands. Noch ist die SPD nicht verboten, aber dennoch verschleppen die Nationalsozialisten Stelling aus seinem Wohnhaus in der Siedlung Elsengrund. Über ein SA-Sturmlokal landet er im Amtsgerichtsgefängnis Köpenick. Hier hat in der Nacht die Lagebesprechung der Köpenicker SA-Führer stattgefunden. Und von hier aus koordiniert jetzt SA-Sturmbannführer Herbert Gehrke die gesamte Aktion.

Die Schlüssel zu dem kaum mehr genutzten Gebäude hat die SA erst ein paar Tage zuvor übernommen. Das Gefäng-

FOTOSAFARI IM KNAST

Was haben ein verlassener Bunker in Brandenburg, die gespenstischen Hochhäuser von Tschernobyl und der Männertrakt des Gefängnisses in Köpenick gemeinsam? Sie gehören alle zu den mysteriösen Orten, an denen die Zeit stillzustehen scheint. Orte, die dem Verfall preisgegeben sind – und die sich immer größerer Beliebtheit bei Touristen erfreuen. »Lost Places« ist die Wortschöpfung für diese Orte. Und Instagram die perfekte Präsentationsplattform für die dort gemachten Aufnahmen. In Köpenick blättert der grüne Putz von den Wänden, stehen Stühle – aus welcher Zeit auch immer – verloren in den Zellen, finden sich im Keller merkwürdige Apparaturen. Beeindruckende Fotomotive. Ganz legal kann man sich hier auf die Suche begeben. Go2know heißt der Berliner Anbieter, der Fototouren anbietet. Übrigens auch in Brandenburg und Tschernobyl.

nis war 1901 zusammen mit dem Gerichtsgebäude errichtet worden. Neben dem viergeschossigen Bau mit 42 Zellen für Männer stand ein zweigeschossiger Block mit neun Zellen für Frauen. Jede Zelle hatte ein Fenster zum Hof. Die Nummern der Zellen an der Fassade sind heute noch schwach zu erkennen.

Im zweiten Obergeschoss gab es eine Gefängniskapelle. Hier fanden die Verhöre statt. Zustände wie in einem Schlachthaus, sagen Zeitzeugen später. Die Inhaftierten wurden gedemütigt und gefoltert. Und umgebracht. So wie Johannes Stelling. Sein misshandelter Körper wurde eine Woche später in einem Sack eingenäht im Wasser der Dahme gefunden.

Fast eine Woche wütete die SA damals im Osten Berlins. Mindestens 23 Menschen starben während der »Köpenicker Blutwoche«. Es war auch ein Machttest der SA: Terror als Experimentierfeld. Zivile Gegenwehr oder ernste Konsequenzen für die Täter gab es kaum. Der Hauptverantwortliche Gehrke wurde von seinem Vorgesetzten sogar belohnt.

Seit 2013 erinnert eine Ausstellung an die Köpenicker Blutwoche. Hier erfährt man auch, wie einige der Täter 1950 doch noch zu Rechenschaft gezogen wurden.

Bis 1959 diente das Gebäude der Nationalen Volksarmee als Militärstrafanstalt. »Hotel zum trockenen Kanten« schrieb ein Inhaftierter auf die Zellenwand. Danach zog die DEFA ein, mit ihrem Kostümfundus und einer Schneiderei. Und wenn für einen Film Gefängniszellen gebraucht werden: Es sind noch alle fast unverändert vorhanden.

Puchanstraße 12, 12555 Berlin

BETREUTES WOHNEN

AMTSGERICHTSGEFÄNGNIS WEISSENSEE

Verurteilte Straftäter hinter Gefängnismauern – daran war man in Weißensee nicht mehr gewöhnt. Als 2012 eine Einrichtung des Maßregelvollzugs für psychisch kranke Straftäter im ehemaligen Amtsgerichtsgefängnis Weißensee eröffnen wollte, hagelte es Proteste von den Anwohnern der beschaulichen Gegend. Das Projekt scheiterte letztlich an einer fehlenden Ausnahmegenehmigung.

1906 war das Gefängnis in Betrieb genommen worden. In vornehmer Distanz über die Wiese stand das gleichzeitig errichtete Amtsgericht. 40 bis 50 Gefangene sollten damals in Weißensee hinter Gitter gebracht werden können. Doch schon 1928 musste das Amtsgerichtsgefängnis wieder schließen. Der Betrieb lohnte sich nicht weiter, es gab einfach zu wenig Gefangene. Vielleicht war das Gebäude auch einfach zu schön für ein Gefängnis. Das Backsteinhaus mit dem spätgotischen Rosenfenster in dem spitzen Mittelgiebel hat fast schon sakralen Charakter. Zu DDR-Zeiten befand sich hier ein Heim für jugendliche Waisen.

Wenn man heute in der Schönstraße vorbeischaut, stellt man fest, dass in dem ehemaligen Gefängnis nun betreutes Wohnen angeboten wird. Es kann doch eigentlich keinen besseren Ort dafür geben.

Schönstraße 41, 13086 Berlin

THE KNAST

AMTSGERICHTSGEFÄNGNIS LICHTERFELDE

Einer für alle. Ein einziger Schlüssel öffnet das Schloss jeder Gefängnistür. Geht ein Schlüssel verloren, müssen alle Schlösser und Schlüssel ausgetauscht werden. Das Klimpern und das Quietschen der schweren Schlüssel sind typische Geräusche des Gefängnisalltags. Für Gefangene kündigt sich fast alles erst einmal über diese Geräusche an.

Im ehemaligen Amtsgerichtsgefängnis Lichterfelde gibt es keine Gefangenen mehr, aber der alte Buntbartschlüssel schließt immer noch die meisten Türen. Mehr als ein Jahrhundert lang hat die alte Schließanlage ihren Dienst getan. Für die zukünftige Nutzung empfiehlt sich ein moderneres System.

In »The Knast«, so der neue Name des alten Gefängnisses, werden bald Gäste in den ehemaligen Zellen übernachten dürfen. Diesmal freiwillig und mit Komfort. Einen Ort für besondere Erlebnisse und Begegnungen will Eventmanagerin Janina Amandi hier entstehen lassen. Für Kulturveranstaltungen werden der dreigeschossige Zellentrakt und der Betsaal, der schönste Raum des Gefängnisses, hergerichtet. Bis alles fertig ist, kann man im großzügigen Garten schon einmal Sommerfeste feiern. Nichts zu feiern gibt es dagegen in der »Böse-Mädchen-Zelle«, die in ihrem Originalzustand erhalten bleiben soll. In die alte Isolationszelle mit zusätzlichem Gitter wurden früher besonders aufmüpfige Insassinnen gesperrt.

Lange Zeit hat man von dem Gefängnis als Frauengefängnis gesprochen. Zunächst diente das Gebäude als Gefängnis für das benachbarte Amtsgericht. Damals gelangte man über einen Gang direkt von den Zellen in den Gerichtssaal. Heute ist die Verbindungstür zwischen beiden Gebäuden zugemauert. Äußerlich ist die Verbindung aber immer noch offensichtlich. Wie das Gericht fügt sich das Gefängnis stilistisch in die noble Villengegend ein. Der repräsentative Renaissancegiebel und der Turm mit Zwiebelhaube sind immer noch Hingucker. Und die Fenstergitter mit floralen Ornamenten lassen bis heute nicht sofort an Gefängniszellen denken.

Nach dem Zweiten Weltkrieg übernahmen zunächst die Amerikaner das Gebäude. In der Folge diente es bis Mitte der 1960er Jahre als Außenstelle des Frauengefängnisses in der Lehrter Straße. Danach wurde es für den offenen Vollzug benutzt. Die Gefangenen gingen tagsüber einer normalen Arbeit nach und kamen abends zum Schlafen zurück. Ein bekannter Freigänger in Lichterfelde war der Boxer Bubi Scholz, der wegen fahrlässiger Tötung an seiner Frau einsaß.

2010 wurde die Haftanstalt Lichterfelde ausgemustert. Als Erstes streckten nun die Locationscouts der Filmszene ihre Fühler aus. Ein gerade aufgegebenes Gefängnis versprach maximale Authentizität. Diese nutzten beispielsweise *Monuments Men* von George Clooney sowie die Serien *Babylon Berlin* und *4Blocks*. Aber nach und nach bereitet sich der Ort nun auf die neue Nutzung vor. Zum Nachteil von *Babylon Berlin:* Das Gefängnis ist den Machern der Serie jetzt zu alt geworden. Die Zellentüren wurden in den letzten Jahren nämlich mühevoll in den Originalzustand zurückversetzt. Statt Stahlplatten sieht man wieder das blanke Holz. Wie in den Anfangstagen zur Kaiserzeit. Der Brandschutz darf jetzt aber nicht wie zu Kaisers Zeiten sein. Ein denkmalgeschütztes Gefängnis macht es einem da nicht leicht. Die neuen Eigentümer fassen es so zusammen: »Früher wurde alles getan, damit man nicht aus dem Gebäude fliehen konnte. Heute muss alles getan werden, dass man im Notfall schnell fliehen kann.«

Söhtstraße 7, 12203 Berlin

1984

GEFANGENER NR. 7

KRIEGSVERBRECHERGEFÄNGNIS SPANDAU

Aus dem Fenster der Gefängniskapelle fliegen die Orgelpfeifen. Kirchenbänke und der Altar landen krachend auf dem gepflasterten Hof, wo bereits zertrümmerte Möbel liegen. Mit Äxten versuchen sich die Soldaten der Royal Engineers an den Dächern. Das Kriegsverbrechergefängnis in Spandau ist im September 1987 Schauplatz einer wilden Demontage. Sogar der britische Gefängnisdirektor legt Hand an, bevor die Profis mit der Abrissbirne kommen. Nichts soll übrig bleiben von dem Gebäude, in dem kurz zuvor der letzte Häftling gestorben ist. Heute befindet sich an der Stelle ein großer Parkplatz und ein Einkaufszentrum. Keine Spur mehr von dem einst größten preußischen Festungsgefängnis.

Die Festungsstadt Spandau: Dazu gehörten neben der Zitadelle und den umfangreichen Wallanlagen zahlreiche Kasernen, Rüstungsfabriken und diverse andere militärisch genutzte Gebäude wie eine Garnisonsbäckerei und Waschanstalten. 1881 kam dann die große Festungshaftanstalt dazu. Die beiden Türme am Eingangstor verwiesen architektonisch auf den nahe gelegenen Juliusturm der Zitadelle Spandau. Mit seinen großen Sammelzellen und dem Exerzierplatz – die Soldaten mussten trotz Bestrafung wehrfähig bleiben – hatte das Gefängnis eher Kasernencharakter. In der Weimarer Republik umgewandelt in eine normale Strafanstalt, landeten in Spandau eher die »leichten Fälle« denn die großen Berufsverbrecher. Der Reichstagsbrand vom Februar 1933 brachte eine Veränderung: Die Zellen füllten sich schnell mit politischer Prominenz wie Egon Erwin Kisch und Carl von Ossietzky.

Überbelegt ist das Gefängnis auch in der turbulenten Nachkriegszeit. Aber dann entscheiden sich die Alliierten, die in Nürnberg verurteilten Kriegsverbrecher in Spandau unterzubringen. Glücklicherweise. Ein anderer Plan hatte nämlich vorgesehen, die aparte Pfaueninsel in eine Gefängnisinsel, ein Alcatraz auf der Havel zu verwandeln. Allerdings müssen jetzt die noch 600 einsitzenden Gefangenen schnell in andere Haftanstalten umgesiedelt werden – um Platz zu machen für sieben verurteilte Größen des Nationalsozialismus: Baldur von Schirach, Karl Dönitz, Konstantin von Neurath, Erich Raeder, Albert Speer, Walther Funk und Rudolf Heß werden von nun an nur noch mit ihrer Gefangenennummer angeredet. Verantwortlich für sie ist eine Wachmannschaft von 60 Soldaten. Amerikaner, Sowjets, Briten und Franzosen wechseln sich jeden Monat in der Verwaltung des Gefängnisses ab.

Der Betrieb des Kriegsverbrechergefängnisses ist – zusammen mit der Luftsicherheitszentrale – die einzige gemeinsame Institution der Alliierten in Berlin mit Bestand. Hat man sonst die Zusammenarbeit längst aufgekündigt, so reißt man sich in Spandau zusammen. Regelmäßig stehen ausgedehnte Konferenzen der alliierten Gefängnisdirektoren an – einzigartig in der Zeit des Kalten Krieges. Die Wachablösung mit dem Aufziehen der jeweiligen Flagge wird sogar eine touristische Attraktion. Davon bekommen die Gefangenen jedoch nichts mit. Ihre größte Attraktion ist der Gefängnisgarten, das »Speer-Paradies«. Chefgärtner Albert Speer, Häftling Nr. 5, plant die Wege und die Beete. Danach ist jeder für einen Bereich zuständig und pflanzt Bohnen, Tomaten oder Blumen.

Ab 1966 bleibt nur noch der Gefangene Nr. 7 in dem riesigen Gefängniskomplex übrig. Mehr als 20 Jahre lang ist Rudolf Heß, der ehemalige Stellvertreter Hitlers, der einzige Gefangene in Spandau. Am 17. August 1987 wird der 93-Jährige tot aufgefunden. Er hat sich mit einem Verlängerungskabel am Fenster der Gartenlaube stranguliert. Danach geht alles ganz schnell.

um 1915

Das steinerne Vermächtnis der Nürnberger Kriegsverbrecherprozesse hat seine Aufgabe erfüllt. Der Abriss war schon lange beschlossen. Hier sollte kein Wallfahrtsort für Neonazis entstehen. Auf dem Flughafen Gatow werden die fein gemahlenen Gefängnistrümmer in vorbereiteten Gruben versenkt und darüber Bäume gepflanzt. Neben zwei Wohnhäusern für Beamte vor dem ehemaligen Gefängniseingang zeugen lediglich noch Reste der preußischen Kasernenanlage an der Wilhelmstraße von der militärischen Nutzung des Areals. Von Albert Speers zweiter Karriere als Gefängnisgartenarchitekt sind aber am Rande der heutigen Parkplatzfläche noch einige Nussbäume erhalten.

Platz der Weißen Rose, 13593 Berlin

1953

FRAGEN AN EIN UNSCHEINBARES HAUS

UNTERSUCHUNGSHAFTANSTALT HAUS 3

»Wer verschwand im Keller?«, »Wohin traf der erste Schlag?«, »Was fühlte der kahl geschorene Kopf?« – 61 Fragen ziehen sich um das gelbe Backsteingebäude mit den blauen Ziersteinen. Weiße Schrift auf schwarzem Acryl. Das Haus 3 gehört zu einem großen Komplex, den Stadtbaurat Hermann Blankenstein im 19. Jahrhundert als »Hospital und Siechenhaus« bauen ließ. Heute ist hier das Bürgeramt Prenzlauer Berg untergebracht. Das Areal ist typisch für Berlin: einfache Versorgungsbauten der Gründerzeit. Nichts Besonderes. Wären da nicht diese unangenehmen Fragen über den zugemauerten Kellerluken – eine Installation der Künstlerin Karla Sachse, entstanden aus der Lektüre zahlloser Vernehmungsprotokolle. Denn im Haus 3 wurde nach dem Ende des Zweiten Weltkriegs verhört, gefoltert und weggesperrt.

Im Mai 1945 richtet die Rote Armee auf dem alten Hospitalgelände ihre Kommandantur für den Prenzlauer Berg ein. Den Keller im Haus 3 baut die sowjetische Geheimpolizei NKWD zu einem Untersuchungsgefängnis um. 40 kleine Zellen. Vor jede Kellerluke wird ein Blech geschraubt, in das ein paar Löcher gebohrt sind. Im Keller landen vor allem Jugendliche. Ihnen wird die Mitgliedschaft in der nationalsozialistischen Organisation Werwolf vorgeworfen. Aber es reicht auch, wenn man in irgendeiner Form verdächtigt wird, »antisowjetisch« zu sein. So schwammig dieser Vorwurf, so groß die Zahl der Inhaftierten. Wie viele genau es sind, weiß man heute nicht mehr. Nicht wenige treten von hier eine Reise ohne Wiederkehr in die berüchtigten sowjetischen Speziallager an.

Über 60 solcher irregulären Gefängnisse betreibt der NKWD in ganz Berlin, zum Beispiel auch im ehemaligen Reichsbahnbunker in der Albrechtstraße. Haus 3 an der Fröbelstraße ist eines der größten.

1951 übernimmt die Bezirksverwaltung der Staatssicherheit das Gelände – und den Haftkeller gleich mit. Erst 1956 wird er aufgelöst.

Längst sind die Spuren getilgt. Im Keller erinnert nichts mehr an das, was hier geschehen ist. Er ist auch nicht öffentlich zugänglich. Immer wieder gibt es Überlegungen, das zu ändern und den Ort begreifbarer zu machen.

»Wie lang war ein Tag ohne Licht?« – Das Haus gibt keine Antworten. Aber manchmal braucht es auch kaum mehr als die richtigen Fragen.

Fröbelstraße 17, 10405 Berlin

IM U-BOOT

ZENTRALE UNTERSUCHUNGS-HAFTANSTALT DES MFS

Am Ende saß Erich Mielke in seinem eigenen Gefängnis. Der Chef des mächtigen Geheimdienstapparats der DDR, des Ministeriums für Staatssicherheit (MfS), war 1990 verhaftet und in eine Zelle nach Hohenschönhausen gebracht worden. In das Untersuchungsgefängnis, das auf keinem Stadtplan der DDR eingetragen war. Aber von vorn: 1951 übernimmt das Ministerium für Staatssicherheit das Gelände mit dem großen Backsteinbau an der Genslerstraße vom sowjetischen Geheimdienst. Ursprünglich war dort 1939 von der Nationalsozialistischen Volkswohlfahrt eine Großküche errichtet worden. Nach dem Krieg bauen die Sowjets den Kartoffelkeller der Großküche zu einem Untersuchungsgefängnis um. 68 Zellen, winzig klein, kaum Luft, ohne Fenster. Nur eine Glühbirne brennt Tag und Nacht. »U-Boot« nennen die Häftlinge das Kellergefängnis.

Der Spitzname bleibt, auch als das MfS nun dort das Sagen hat. Hohenschönhausen wird zur zentralen Untersuchungshaftanstalt des DDR-Geheimdienstes. Im Gebäude über dem Keller finden die Verhöre statt. Dabei wird gedemütigt, getreten, geprügelt, mit Fäusten und mit Stahlschienen. In Hohenschönhausen landen alle, die der Stasi als Feinde gelten. Neben Aufständischen des 17. Juni 1953 sind das auch reformfreudige Kommunisten oder in Ungnade gefallene Politiker. Wenn sich die Gelegenheit bietet, besorgt man sich die Gefangenen auch von der anderen Seite der Stadt, wie im Fall des West-Berliner Juristen Walter Linse, den man gewaltsam entführt und nach Hohenschönhausen verschleppt. Und schnell wird klar: Das »U-Boot« ist zu klein für all jene, die noch kommen sollen. Von Häftlingen wird daher ein hell verputzter, dreistöckiger Erweiterungsbau errichtet, der 1960 in Betrieb genommen wird.

Oberstes Gebot der Untersuchungshaftanstalt ist die Geheimhaltung. Offiziell soll niemand von dem Gefängnis wissen und auch die Häftlinge sollen nicht erfahren, wo sie hingebracht werden und wer sonst noch eingesperrt ist. Der Transport ins Gefängnis erfolgt in Wagen mit abgedunkelten Scheiben. Ein

ausgeklügeltes Ampelsystem auf den Gängen des neuen Gefängnistraktes sorgt dafür, dass sich Häftlinge nicht sehen oder begegnen können, wenn sie durch die Haftanstalt geführt werden. Angesprochen werden die Häftlinge nicht mit Namen, sondern nur über Nummern. In einzelnen Hofgangzellen dürfen sie für 30 Minuten am Tag frische Luft schnappen. Reden oder singen ist dabei verboten.

Das Ministerium für Staatssicherheit unterhielt in der DDR ein eigenes System an Haftanstalten und Ermittlungsbehörden, mit Haftrichtern, die speziell für Stasi-Gefangene zustän-

dig waren. In diesem Parallelsystem zur eigentlichen Justiz war Hohenschönhausen gewissermaßen das Zentrum. Bis die Wende kam und die Stasi und mit ihr Erich Mielke unterging. Am 31. Oktober 1990 wurde das Gefängnis – wie alle DDR-Haftanstalten in Ost-Berlin – endgültig aufgelöst. Zuletzt unterstand es dem Innenministerium der DDR. Mielke war einer der letzten Gefangenen, die in Hohenschönhausen eingesperrt waren. Bald nach der Einlieferung wurde er wieder verlegt. Er hatte sich über die schlechten Haftbedingungen beschwert.

Genslerstraße 66, 13055 Berlin

GEDENKSTÄTTE HOHENSCHÖNHAUSEN

Kaum eine Klassenfahrt nach Berlin kommt ohne einen Abstecher nach Hohenschönhausen aus. Über sechs Millionen vornehmlich junge Menschen haben die Gedenkstätte seit ihrer Eröffnung 1994 besichtigt. Kein Gedenkort der ehemaligen DDR verzeichnet mehr Besucher. Die Jugendlichen können das alte Stasi-Untersuchungsgefängnis im Originalzustand erleben. Es war kurz nach der Wiedervereinigung unter Denkmalschutz gestellt worden. Und sie profitieren von den noch lebenden Zeitzeugen. Ehemalige Häftlinge führen durch die beiden Gefängnisgebäude und erzählen dabei auch ihre persönliche, nicht selten erschütternde Geschichte. Zusätzlich gibt es eine Dauerausstellung über den Haftort Hohenschönhausen und das System politischer Verfolgung in der DDR.

HAUS DER TAUSEND FENSTER

UNTERSUCHUNGSHAFTANSTALT MITTE

Manfred Krug kannte sich aus mit Gefängnissen. Als singender *Tatort*-Kommissar oder als Berliner Anwalt Liebling waren sie quasi Teil seines Berufslebens. In seinen wilden Jugendjahren hatte er jedoch bereits eine ganz andere Erfahrung mit einem Berliner Gefängnis gemacht: Nach einer Straßenbahnfahrt ohne Fahrschein weigerte sich Krug, nachzuzahlen. Vier Tage Ersatzhaft brummte ihm die Ost-Berliner Polizei auf. Abzusitzen in der Keibelstraße im Untersuchungsgefängnis. Hier fand sich Manfred Krug, im zarten Alter von 20, im Jahre 1958 ein. 50 Astor-Zigaretten aus dem Westen halfen ihm, die vier Tage zu überstehen.

Das große Gebäude am Alexanderplatz diente nur wenige Jahre seiner eigentlichen Bestimmung. Der Karstadt-Hausarchitekt Philipp Schaefer hatte es 1929 als Bürohaus und Warenlager für den damals größten Kaufhauskonzern Europas gebaut, doch wurde es schon wenige Jahre später infolge der Weltwirtschaftskrise von Karstadt aufgegeben. Zunächst

zog das Statistische Reichsamt ein und mit ihm ein neuer Name: »Reichshaus«. Nach der Beseitigung der Kriegsschäden wurde es zum Präsidium der Volkspolizei. Das alte Polizeipräsidium, die Rote Burg, hatte den Krieg nicht überstanden. 1951 wurde in der Keibelstraße das Untersuchungsgefängnis in Betrieb genommen, offiziell Haftanstalt UHA Berlin-Mitte genannt. Hier warteten die Häftlinge entweder auf ihre Verhöre und ihren Prozess oder sie saßen kurze Strafen ab. Haftgründe waren, neben der Weigerung, Ticketgebühren zu begleichen, hauptsächlich weitere kleinere Delikte. Die wirklich schweren Verbrecher fanden sich hier eher selten ein. Manfred Krugs Zellennachbarn waren ein Republikflüchtling und ein Sittenstrolch.

Mit seinen neun Stockwerken inklusive Keller war »die Keibelstraße« das Hochhaus unter den Berliner Gefängnissen. »Haus der tausend Fenster« wurde das Gebäude auch genannt. Allerdings waren es nur Fenster zum Hof. Ganz oben existierte sogar eine Dachterrasse für den Freigang. Die zusätzliche Erhöhung der seitlichen Mauern verhinderte auch Einblicke vom Fernsehturm oder dem damaligen Hotel »Stadt Berlin« auf die spazierenden Insassen. Und andersrum. Um dem öden Alltag zu entkommen, durften die Häftlinge Arbeit annehmen, zum

Beispiel in der Münzprägeanstalt oder im VEB Narva, dem wichtigsten Hersteller von Glühlampen und anderen Leuchtmitteln der DDR. Dies bot Ablenkung und ein wenig Lohn, mit dem man im kleinen HO-Laden im fünften Stock des Gefängnisses etwas kaufen konnte. Kontakte zwischen den Häftlingen waren verboten. Wer trotzdem kommunizieren wollte, musste kreativ sein: zum Beispiel Lissi und Leo nutzen. Mit der Toilettenbürste (»Lissi«) wurde die Toilette (»Leo«) so gut es ging vom Wasser befreit. Nun diente sie als »Sprachrohr«.

Im Juni 1990 wurden die letzten Häftlinge aus der Keibelstraße in andere Haftanstalten verlegt. Dann wurde der bisher verbotene Ort vom Film entdeckt. Für *Männerpension*, *Good Bye, Lenin*, *Das Leben der Anderen* und *Fack ju Göhte* wurden Szenen in den Fluren und den Zellen gedreht. Der amerikanische Actionfilm *Half Past Dead* erlaubte sich dabei die stärksten Eingriffe. Ohne Rücksicht auf den historischen Ort wurden die Wände dunkel gestrichen, Zellentüren und Schlösser ausgetauscht und Betten abgebaut. Deshalb sollte man heute bei einem Besuch weder den Inschriften noch den Pin-ups in den Zellen trauen: Sie stammen fast alle von Dreharbeiten. Authentischer ist es in der sechsten Etage. 1992 wurde sie durch eine neu eingezogene Zwischendecke vom Rest des Gefängnisses getrennt und direkt mit dem angrenzenden Polizeigebäude verbunden. Bis 1996 diente sie der Polizei als Polizeigewahrsam und Abschiebegefängnis. An den Wänden finden sich Kommentare auf Vietnamesisch, Russisch oder Arabisch.

Auch für *Liebling Kreuzberg* fanden Dreharbeiten in der Keibelstraße statt. Und so kehrte Manfred Krug 1996 noch einmal zurück in das Gefängnis, in dem er vierzig Jahre zuvor vier Tage verbracht hatte. Aber: Das Gebäude werde »von denselben Kackern bewacht, die noch vor ein paar Jahren die graue DDR-Uniform getragen haben, jetzt in senfbrauner Kluft«, urteilte er. Krug war froh, als die Dreharbeiten in diesem »ekelhaften Gebäude« vorbei waren.

Bernhard-Weiß-Straße 6, 10178 Berlin

LERNORT KEIBELSTRASSE

Versteckt und doch sehr zentral, hat 2019 in der ehemaligen Untersuchungshaftanstalt der Lernort Keibelstraße eröffnet. Im ersten Stockwerk ist eine Ausstellung eingerichtet, in der mit Häftlingsakten, Zeitzeugenberichten und interaktiven Medienstationen der Haftalltag und die Funktion des Strafvollzugs in der SED-Diktatur verdeutlich werden. Bisher ist der Gedenkort vorrangig für Schulklassen und andere Gruppen gedacht und der Zugang erfolgt ausschließlich über eine Anmeldung bei der Senatsverwaltung für Bildung, Jugend und Familie. Aber es gibt Pläne, das ehemalige Gefängnis für die breite Öffentlichkeit zugänglicher zu machen.

WASCHEN GEH'N BEI REWATEX

FRAUENGEFÄNGNIS KÖPENICK

»Was du nicht kannst, musst du lernen, wenn es dir schwerfällt, werden wir dir helfen, wenn du nicht willst, zwingen wir dich.« Großflächig prangt der Spruch an der Wand der Mehrzweckhalle, in der die Gefangenen täglich ihre Mahlzeiten einnehmen. Ein Knast-Wandtattoo sozusagen. Und im Frauengefängnis in Köpenick werden die Gefangenen täglich gezwungen – zur Arbeit in der angeschlossenen Wäscherei der Rewatex. Vielleicht ist die ganze Sache auch besser beschrieben als Wäscherei mit angeschlossenem Gefängnis.

Der VEB Rewatex – die Abkürzung steht für »Reinigen Waschen Textilien« – plant zu Beginn der 1970er Jahre eine neue Großwäscherei an der Grünauer Straße, von Anfang an konzipiert als Arbeitseinsatzbetrieb für eine neu zu bauende Strafvollzugsanstalt für Frauen. 1973 wird das Frauengefängnis Köpenick in Betrieb genommen und ersetzt das marode und nun geschlossene Frauengefängnis in der Barnimstraße. Das unscheinbare Gelände mit den zwei Unterkunftsgebäuden fällt auch heute kaum im Köpenicker Gewerbegebiet auf, wenn da nicht die 3,60 Meter hohe Mauer und die Wachttürme wären. Der Bedarf an Arbeitskräften für die Rewatex ist so groß, dass das Gefängnis systematisch überbelegt wird. Die Zimmer werden mit Dreistockbetten nachgerüstet, jetzt passen bis zu 18 Frauen in eine Zelle. Die Zwangsarbeit in der Wäscherei müssen die rund 600 Gefangenen in einem durchgängigen Dreischichtsystem leisten, jeden Tag, mit Ausnahme von vier Sonntagen. Die meisten Frauen kommen wegen § 249 des Strafgesetzbuchs der DDR in den Strafvollzug nach Köpenick. Der sogenannte Asozialenparagraph dient in der DDR vornehmlich der Kriminalisierung missliebiger Lebensentwürfe. »Waschen geh'n bei Rewatex« wird zu einer Drohung und einem geflügelten Wort für den Frauenknast in Ost-Berlin.

Die Wende bringt das Ende des Frauengefängnisses Köpenick. Bis 2015 nutzt Berlin das Gelände noch als Abschiebegewahrsam. Im Moment ist hier eine Freiwillige Feuerwehr untergebracht.

Grünauer Straße 140,
12557 Berlin

BERLINS SCHMUTZIGE WÄSCHE

Dass der Rewatex-Knast in Köpenick gebaut wird, liegt letztlich an Henriette Lustig. Bis ins hohe Alter bringt »Mutter Lustig« die frisch gewaschene Wäsche selbst zurück zu ihren Kunden. Zu Fuß, mit einem Korb auf den Rücken geschnallt, manchmal bis ins weit entfernte Charlottenburg. 1835 hat Henriette Lustig die erste Lohnwäscherei in Köpenick gegründet. Bald schon gibt es in der Gegend zwischen Spree und Dahme Hunderte kleine Wäschereibetriebe. Köpenick wird zur Waschküche Berlins. Die Firma W. Spindler, der größte Wäschereibetrieb Deutschlands und Erfinderin der chemischen Reinigung, zieht es auch nach Köpenick – sie gibt einem ganzen Ortsteil einen neuen Namen. Nach dem Krieg wird der Wäschereikomplex in Spindlersfeld in Volkseigentum umgewandelt und nennt sich erst VEB Blütenweiß und später etwas weniger blumig Rewatex. Nach der Wende übernimmt ein westdeutsches Unternehmen die Rewatex. Das betreibt an der Grünauer Straße immer noch eine Großwäscherei.

APFELGRÜN UND BROMBEERROT

JUSTIZVOLLZUGSANSTALT HEIDERING

Allein der Name: Heidering. Man denkt an Heidegrün und Heidschnucken. Auf jeden Fall jwd, janz weit draußen, wie der Berliner sagt. Und tatsächlich: Die Justizvollzugsanstalt Heidering liegt gar nicht mehr auf Berliner Gebiet, sondern in Brandenburg, in der Nähe von Großbeeren. Betrieben wird sie aber allein vom Land Berlin. Es gilt Berliner Vollzugsrecht, und es sitzen auch nur Berliner Gefangene ein. Die 2013 eröffnete Anstalt gehört zu den modernsten Gefängnissen in Europa. Zu den schönsten soll sie auch zählen. Von außen erschließt sich das nicht sofort. Obwohl keine Mauer den Blick versperrt. Dafür ein doppelter Drahtzaun, knapp sechs Meter hoch. Dahinter drei Teilanstalten, gebaut in der bewährten panoptischen Kreuzform. Jeder Gefängnistrakt hat eine eigene Loggia. Die drei Gebäude mit den Zellen, pardon, Hafträumen, sind über einen 260 Meter langen, gläsernen Gang verbunden. Diese lichtdurchflutete Magistrale führt zu den Arbeitsstätten und den Gemeinschaftseinrichtungen. Treppen und Flure sind in einem leuchtenden Apfelgrün gehalten, die Plastikstühle in den Räumen in einem dezenten Brombeerrot. Und es gibt einen großen Sportbereich mit Laufstrecke und Kunstrasenfeldern, die manche Kreisliga-Mannschaft vor Neid erblassen lassen dürften. Geplant hat das Ganze der österreichische Architekt Josef Hohensinn, der Erfahrung im Gefängnisbau mitbrachte. Das von ihm erdachte Justizzentrum in Leoben wurde ebenfalls gefeiert und mit Preisen versehen.

118 Millionen Euro hat sich Berlin die neue JVA Heidering kosten lassen. »Luxus-Knast« oder »5-Sterne-Anstalt«, nörgelten so manche Kritiker. Das viele Geld ist aber wahrscheinlich gut angelegt, verspricht diese Art von modernem Strafvollzug doch viel bessere Resozialisierungserfolge. Aber natürlich gilt auch in Heidering: Knast bleibt Knast. Alle Hafträume sind nur gut zehn Quadratmeter groß. Die Loggia ist selbstverständlich vergittert. Und aus dem Hahn kommt nur kaltes Wasser. Auch das Essen ist nicht extra luxuriös. Davon konnte man sich 2019 auf Twitter überzeugen, wo unter dem Namen »Gefängniscuisine« heimlich die Essensrationen der JVA Heidering gepostet wurden. Das war natürlich nicht erlaubt. Im Gefängnis gilt Handyverbot. Nach kurzer Zeit war der Spuk auch wieder vorbei. Twittern aus dem Gefängnis – das ist dann doch ein bisschen zu viel moderner Strafvollzug.

Ernst-Stargardt-Allee 1, 14979 Großbeeren

ZU RECHT IN BERLIN

WEITERE ORTE DER JUSTIZ

UNTER DEM KAAK

DIE GERICHTSLAUBE

1860

Was ist das bloß für eine rätselhafte Figur, die im Nikolaiviertel so frech auf die Passanten herabblickt? Ein Fabelwesen mit menschlichem Kopf und langen Eselsohren, auf dem Körper eines Vogels mit viel zu großen Füßen. Fast scheint der Kaak – so der Name dieser merkwürdigen Gestalt – den Betrachter anzugrinsen. Aber wer im Mittelalter unter dem Kaak stehen musste, hatte nichts zu lachen.

Das Haus, an dessen Fassade der Kaak sitzt, ist eine freie Rekonstruktion der Berliner Gerichtslaube und beherbergt ein Restaurant. Die echte Gerichtslaube stand ein paar Meter weiter östlich, wo die Rathausstraße die Spandauer Straße kreuzt. Ihr Abriss im Jahr 1871 war heftig umstritten. Die Gerichtslaube war damals rund 600 Jahre alt, vielleicht sogar das älteste Gebäude der Stadt, und ein einzigartiges Zeugnis der Rechtsprechung in Berlin. Im 13. Jahrhundert wurde die Gerichtslaube als Teil des Rathauses als einfacher quadratischer Backsteinbau mit gotischen Bögen errichtet, der nach drei Seiten offen war. Eine mit Allegorien auf menschliche Laster versehene Säule in der Mitte der Laube symbolisierte wohl den Stamm eines Baumes. Die Architektur der Gerichtslaube war ein Verweis auf die Rechtsprechung im frühen Mittelalter, wo Prozesse im Freien stattfanden, oft unter speziellen Gerichtsbäumen. Sollte also in Berlin (und Cölln) Recht gesprochen werden, kamen dafür in der offenen Gerichtslaube sieben Schöffen zusammen. Das Volk, der sogenannte Umstand, konnte dem Prozess beiwohnen und musste dem Urteil zustimmen. Strafen wurden meist gleich vor Ort vollstreckt. Der Pranger, an den die Verurteilten dafür angekettet wurden, befand sich an einer der Säulen der Gerichtslaube. Und darüber der Kaak, als Sinnbild der Schande und des Spotts.

Im Laufe der Jahrhunderte änderte die Gerichtslaube mehrfach ihr Aussehen. Sie bekam zum Beispiel ein Obergeschoss, die Ratsstube, und wurde Ende des 17. Jahrhunderts ganz neu verputzt und mit einem barocken Giebel versehen.

Im Inneren blieben ihre alten Kreuzgewölbe aber erhalten. Offen musste die Gerichtslaube auch nicht mehr sein, denn das Gerichtsverfahren hatte sich längst verändert. Auf die Zustimmung der umstehenden Menge kam es nicht mehr an, das Verfahren fand jetzt schriftlich statt und hinter verschlossenen Türen.

Im 19. Jahrhundert wurde in der Gerichtslaube gar kein Recht mehr gesprochen, und mit dem Bau des neuen Rathauses war ihr Schicksal letztlich besiegelt. Sie wurde sogar recht unwürdig als Pissoir missbraucht. »Geruchslaube«, spotteten die Berliner. Die Gerichtslaube war dem modernen Berlin aber auch schlicht im Weg: Sie ragte als heruntergekommener Fremdkörper neben dem neu gebauten Roten Rathaus in die Straßenführung hinein. Überraschend erbarmte sich Kaiser Wilhelm I. ihrer und erklärte sich bereit, der Gerichtslaube ein neues Zuhause zu geben. Sie wurde abgebrochen und unter Verwendung der Originalteile im Schlosspark Babelsberg wiederaufgebaut. Dort steht sie heute noch, in ihrer (fast) ursprünglichen gotischen Form.

Und was ist mit dem Haus im Nikolaiviertel? Das stammt aus dem Jahr 1987 und verbindet in seinem Äußeren mit den gotischen Rundbogenfenstern und dem barocken Giebel verschiedene Epochen der Gerichtslaube miteinander. Auch das Innere des Restaurants ist an die historische Gestaltung angelehnt. Nur vor dem spöttischen Kaak muss sich keiner mehr fürchten. Auf eine Rekonstruktion der Prangerketten hat man ja verzichtet.

Poststraße 28, 10178 Berlin

DAS ÄLTESTE BANK BERLINS

Wenn die sieben Schöffen in der Gerichtslaube zusammenkamen, um Recht zu sprechen, nahmen sie wohl alle gemeinsam auf einer Bank Platz. Sehr groß oder sehr beleibt dürften die Schöffen aber nicht gewesen sein, sonst wäre es auf der Bank etwas eng geworden. Woher man das weiß? Weil es die Bank noch gibt! Sie hat nicht nur 600 Jahre Nutzung, sondern auch all die Kriege, Brände, Plünderungen und Umzüge wie durch ein Wunder überstanden. Knapp drei Meter lang, ist die Bank aus Esche und Kiefernholz gefertigt. In Deutschland ist es das einzige derartige Möbelstück der Rechtsgeschichte, das erhalten ist. Die Schöffenbank gehört zur Sammlung des Stadtmuseums Berlin und wird zurzeit von einem siebenköpfigen Forscherteam untersucht. Die Zahl ist bestimmt kein Zufall.

TOD AUF DEM RABENSTEIN

ÖFFENTLICHE HINRICHTUNGSPLÄTZE

Hängen, rädern, enthaupten, verbrennen oder in einem Turm verrecken lassen – es gab in Berlin einen bunten Strauß an Möglichkeiten, wie man Menschen von Gerichts wegen vom Leben zum Tode befördern konnte. Die öffentliche Hinrichtung war ein fester Bestandteil der Rechtsprechung bis weit ins 19. Jahrhundert hinein. Enthauptungen nahm man in Berlin gerne gleich direkt neben der Gerichtslaube vor. Bis sich 1694 die Nachbarn beschwerten und man bat, in Zukunft doch lieber auf dem Neuen Markt zu enthaupten. Der Neue Markt vor der Marienkirche war überhaupt ein beliebter Ort, wenn innerhalb der Stadtmauern mal besonders spektakulär hingerichtet werden sollte.

Am Molkenmarkt wiederum wurden eine Zeit lang bevorzugt Soldaten gehängt. Zu diesem Zweck baute man den Galgen für die Hinrichtung jedes Mal auf und wieder ab. Das Konzept eines mobilen Galgens überzeugte wohl auch den Soldatenkönig. Als Hausdiebstähle immer weiter um sich griffen, verfügte er, dass Hinrichtungen direkt vor dem Haus der Tat vollstreckt werden sollten. Und so wurde eines Tages auch ein Galgen vor dem Palais Happe in der Brüderstraße aufgestellt und ein Dienstmädchen erhängt, das für schuldig befunden worden war, bei Happe einen Silberlöffel gestohlen zu haben. Dem Dienstmädchen half es wenig, als sich später herausstellte, dass eine Ziege den Löffel verschleppt hatte. Das Galgenhaus in der Brüderstraße 10 verdankt dieser Berliner Legende seinen Namen.

Es gab aber auch eine feste Hochgerichtsstätte in Berlin. Weit östlich vor den Toren der Stadt – ungefähr da, wo heute der Strausberger Platz liegt – stand für Jahrhunderte der Rabenstein. Dort konnten die Toten nach der Hinrichtung einfach liegen bleiben, und jeder, der auf dem Weg nach Berlin daran vorbeikam, konnte sehen, welche Strafen einen in der Stadt

so erwarteten. Selbstverständlich nur so lange, bis sich die Raben über die Leichen hergemacht hatten. Der Rabenstein bestand aus einem gemauerten Podest, auf dem ein Galgen errichtet war. Der Berliner Galgen war eine Art Dreieckskonstruktion: Drei Pfeiler ragten von dem Podest in die Höhe, oben durch drei Balken miteinander verbunden. In der Mitte des Unterbaus war genug Platz, um dort Delinquenten »aufs Rad zu legen«. Durch Rädern »vom Fuße bis zum Kopfe« wurde 1540 auf dem Rabenstein auch der Pferdehändler Hans Kohlhase hingerichtet, der als Michael Kohlhaas durch Heinrich von Kleist zu einer literarischen Berühmtheit werden sollte.

Anfang des 18. Jahrhunderts wird der alte Rabenstein aufgegeben. Der Berliner Galgen zieht Richtung Norden, wechselt nun aber alle paar Jahrzehnte, auf der Flucht vor der wachsenden Stadt, immer wieder seinen Standort. Bis er seine letzte Stätte am heutigen Gartenplatz im Wedding findet. Die angrenzende Gartenstraße wird weiter nördlich

BUCH DES GRAUENS

Die Geschichten um die öffentlichen Hinrichtungen in Berlin sind voller Legenden. Aber es gibt auch handfeste Aufzeichnungen: die Eintragungen im Berliner Stadtbuch. Die 163 Seiten, dicht gebunden mit einem Eichenholzdeckel und großen Messingknöpfen, sind ein einzigartiges Zeugnis über die Verhältnisse im mittelalterlichen Berlin. Lange galt das Berliner Stadtbuch als verschollen. 1834 wurde es in der Bremer Stadtbibliothek wiederentdeckt und befindet sich heute im Landesarchiv Berlin. Besonders faszinierend ist das Kapitel »Buch der Übertretungen«, das für den Zeitraum von 1399 bis 1448 akribisch alle Kriminalfälle und die dafür verhängten Strafen auflistet. 121 Todesurteile wurden in dieser relativ kurzen Zeit vollstreckt, als Berlin nur rund 7.000 Einwohner hatte. Knapp die Hälfte der Hinrichtungen waren entweder Enthauptungen wegen Straßenraubs oder Erhängen wegen Diebstahls. Wegen Diebstahls wurden neun Personen aber auch lebendig begraben, sechs wegen Kirchenraubs aufs Rad geflochten, zwei enthauptet, weil sie Kinder an Juden verkauft hatten, und zwei verbrannt wegen Spielens mit falschen Würfeln. Es fällt bei der Lektüre auch auf, dass Hexenverbrennungen in Berlin nicht sonderlich populär waren. Nur fünf Personen wurden wegen Zauberei und Vergiftung verbrannt. Und es sind lediglich zwei Morde aufgeführt. Aber das Töten übernahm ja gewissermaßen die Stadt selbst.

zur Gerichtsstraße, die diesen Namen 1827 erhält. Da ist das Berliner Hochgericht noch fleißig in Betrieb. Auf einer Kuhhaut wird am 2. März 1837 die Witwe Meyer zum Galgenplatz in den Wedding geschleift. Das mit der Witwe hat sie sich selbst zuzuschreiben: Sie hatte ihrem Ehemann im Schlaf die Kehle durchgeschnitten. Unter dem Johlen der umstehenden Menschenmenge werden ihr mit dem Rad zuerst die Füße, dann Beine und Oberkörper und schließlich der Schädel zertrümmert. Es ist die letzte öffentliche Hinrichtung in Berlin.

Die Chancen stehen gut, dass Witwe Meyer von all dem gar nichts mitbekommen hat. Bereits Mitte des 18. Jahrhunderts hatte Friedrich II. seine Scharfrichter angewiesen, die Verurteilten vor besonders grausamen Hinrichtungen heimlich zu erdrosseln. Auf die Show wollte man aber lange nicht verzichten. Öffentliche Hinrichtungen hatten Volksfestcharakter, und es gab dabei auch immer wieder Tote – unter den Zuschauern, die im Gedränge erstickten und von Brücken stürzten, wenn sie den Gang zur Hinrichtungsstätte begleiteten. Noch bis 1800 wird in Berlin vor der eigentlichen Hinrichtung in der Öffentlichkeit das folkloristische Schauspiel des »hochnotpeinlichen Halsgerichts« veranstaltet: Vor dem Rathaus kommen dafür, ganz in Schwarz gekleidet, Richter und Beisitzer an einer Tafel zusammen. Es wird noch mal Gericht gehalten, nach dem Geständnis das bereits bekannte Urteil erneut verkündet, ein Stab gebrochen und die angeklagte Person dem Scharfrichter übergeben. Dann erheben sich Richter und Beisitzer und stoßen dabei ihre Bänke um. Erst danach wird die oder der Verurteilte zur Hinrichtungsstätte gebracht, auf dem Weg mit glühenden Zangen gezwickt, begleitet von einem Tross erlebnishungriger Berliner.

Ab 1851 dürfen Todesurteile in Preußen nur noch in umschlossenen Räumen vollstreckt werden. Schon ein paar Jahre zuvor wurde der Berliner Galgen abgebaut und verkauft. Aus seinen Resten entsteht das Fundament einer Kneipe in der

Ackerstraße, die leider nicht mehr existiert. Am Gartenplatz, der letzten öffentlichen Hinrichtungsstätte Berlins, gibt es heute einen Kinderspielplatz. Daneben steht die katholische Kirche St. Sebastian. Wenn um Mitternacht hinter den Kirchenfenstern ein flackerndes Licht zu sehen ist, dann ist das die Witwe Meyer, die mit ihrer Laterne durch die Kirche geistert, weil sie in ihrem Grab keine Ruhe findet. Sagt man.

Strausberger Platz, 10243 Berlin und Gartenplatz, 13355 Berlin

WO DIE LEICHEN NICHT NUR IM KELLER LIEGEN

RECHTSMEDIZIN

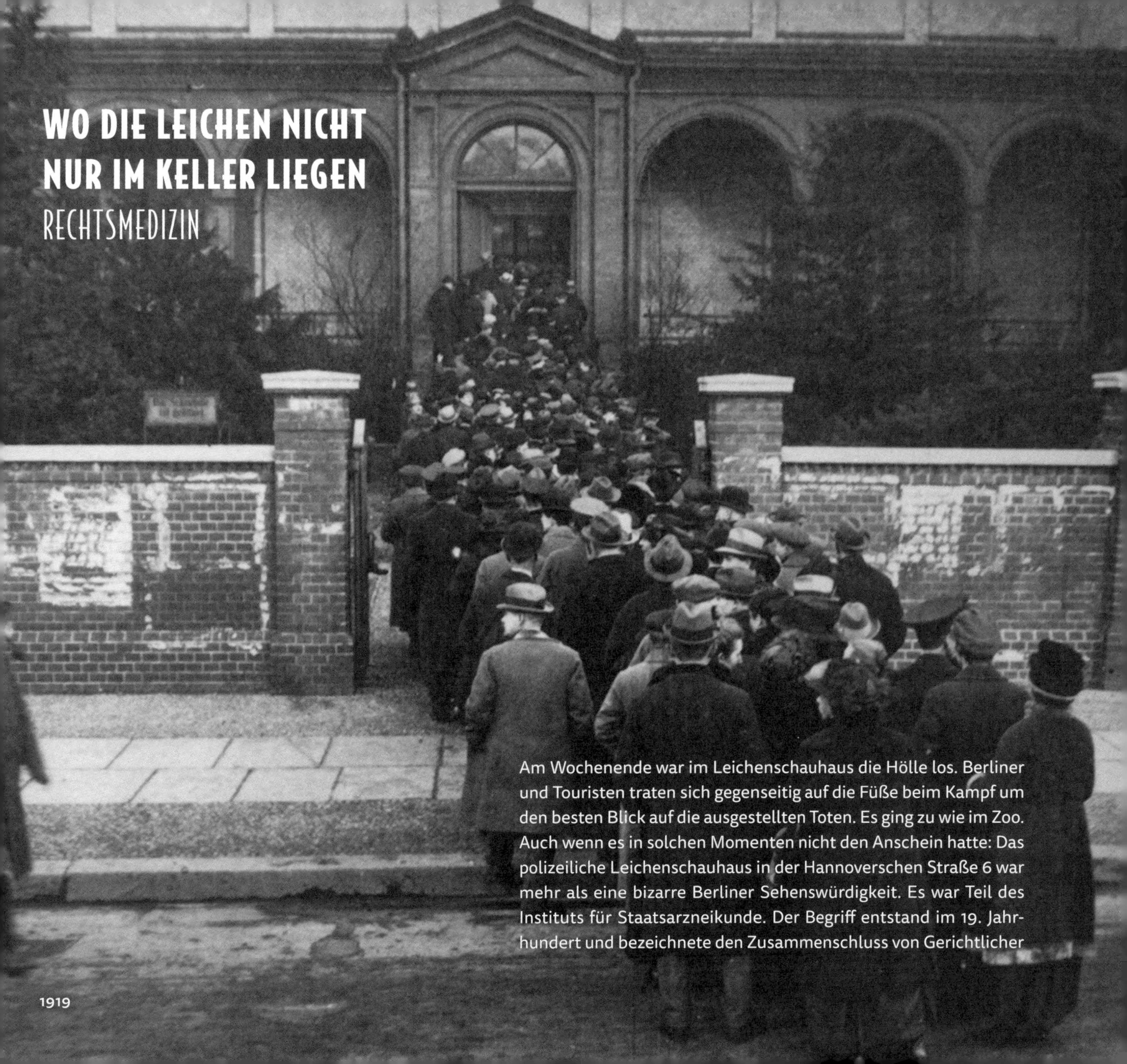

Am Wochenende war im Leichenschauhaus die Hölle los. Berliner und Touristen traten sich gegenseitig auf die Füße beim Kampf um den besten Blick auf die ausgestellten Toten. Es ging zu wie im Zoo. Auch wenn es in solchen Momenten nicht den Anschein hatte: Das polizeiliche Leichenschauhaus in der Hannoverschen Straße 6 war mehr als eine bizarre Berliner Sehenswürdigkeit. Es war Teil des Instituts für Staatsarzneikunde. Der Begriff entstand im 19. Jahrhundert und bezeichnete den Zusammenschluss von Gerichtlicher

1919

Medizin und der Medizinalpolizei, dem Vorläufer der Gesundheitsämter. Die Geschichte der Gerichtsmedizin, oder auch Rechtsmedizin, reicht in Berlin sogar noch weiter zurück. Bereits Anfang des 18. Jahrhunderts gab es einen Stadtphysicus, wie ein Gerichtsmediziner damals genannt wurde.

1886 bekam die gerichtliche Medizin dann endlich auch ein gut ausgestattetes eigenes Gebäude – und der Begriff Leichenschau für die Berliner eine ganz handfeste Bedeutung. Denn die beste Leichenschau – eigentlich die Untersuchung eines Toten mit dem Ziel, die Todesursache genau festzustellen – half Polizei und Gerichten wenig, wenn die Identität nicht zu klären war. Genau diesen praktischen Zweck verfolgte die Idee des öffentlichen polizeilichen Leichenschauhauses. Im Mittelbau des U-förmigen gelben Klinkergebäudes in der Hannoverschen Straße wurden sieben einzelne Glaskästen geschaffen, jeder mit einem eigenen Belüftungssystem ausgestattet und mit schlanken Säulen voneinander getrennt. Maximal 14 Leichen konnten so gleichzeitig ausgestellt werden, in der Hoffnung, dass ein Besucher sie identifizieren konnte. Geöffnet war Montag bis Sonntag von 9 bis 19 Uhr. Mit dem Aufkommen des Pass- und Meldewesens wurde die Identifizierung zunehmend erleichtert und das Leichenschauhaus 1931 geschlossen. Auch zum Bedauern der Berliner Droschkenfahrer, die Besucher gerne zu dieser Attraktion der Stadt chauffierten.

Danach hatte die Rechtsmedizin hier ihre Leichen nur noch im Keller liegen, bis 2005. Zu DDR-Zeiten war die Hannoversche Straße das Gerichtsmedizinische Institut der Charité. In West-Berlin gab es nach der Teilung Berlins ein eigenes Universitätsinstitut in Dahlem und auch noch das Landesinstitut für Gerichtliche Medizin. Seit 2006 sind diese Institute zusammengeführt und befinden sich alle auf dem Gelände des alten städtischen Krankenhauses in Moabit.

Das Gebäude in der Hannoverschen Straße beherbergt heute das zur Humboldt-Universität gehörende Institut für Katholische Theologie. Mit Leichen im Keller kennt man sich da ja auch aus.

Hannoversche Straße 6, 10115 Berlin und
Turmstraße 21 Haus L, 10559 Berlin

STARS AM OBDUKTIONSTISCH

Michael Tsokos ist seit 2007 der Leiter aller gerichtsmedizinischen Institute von Berlin und ein gefragter Sachverständiger vor Gericht. Zu allgemeiner Berühmtheit hat er es aber hauptsächlich als Autor zahlreicher Bücher und Zeitungskolumnen, mit einem eigenen Podcast und etlichen Fernsehauftritten gebracht. Auch unter seinen Vorgängern finden sich berühmte Vermarktungsprofis. Von 1891 bis 1926 führte Fritz Straßmann die Berliner Gerichtsmedizin. In dieser Zeit machte das Fach große Fortschritte, half bei der Aufklärung spektakulärer Verbrechen. Und Straßmann sorgte dafür, dass auch die Presse davon erfuhr. Das Gebäude in der Hannoverschen Straße heißt heute offiziell Fritz-Straßmann-Haus. Für den exzellenten Ruf der Rechtsmedizin in der DDR sorgte wiederum der Österreicher Otto Prokop, der das Institut für dreißig Jahre leitete. Legendär waren auch seine Vorlesungen: Die Wirkung von Schussverletzungen erläuterte er gerne an der Außenmauer des Instituts, an der noch die Einschüsse aus der Zeit des Zweiten Weltkriegs zu sehen waren.

DAS VERMÄCHTNIS DES GEHEIMRATS KATSCH

DAS GOUVERNEURSHAUS

Als sich Christoph von Katsch 1721 ein neues Stadtpalais bauen lässt, ist er als preußischer Beamter bereits eine Legende. Der Jurist trägt die Titel Kammergerichtsrat, Geheimer Justizrat, Generalauditeur der Armee und noch einige mehr. Er gilt als der erste Justizminister Preußens und Wegbereiter der preußischen Justizreform im 18. Jahrhundert. Dass auch sein Haus eine juristische Karriere hinlegen wird, hätte ihm sicherlich gefallen. Nach dem Tod von Katsch wird sein Palais 1732 aber zunächst der Sitz des Gouverneurs von Berlin. Aus dieser Zeit stammt seine heutige Bezeichnung.

Mit der preußischen Städteordnung von 1808 werden die kommunalen Strukturen reformiert. Davon betroffen ist auch das Stadtgericht in Berlin. Es soll von nun an königlich und stärker von der Stadtverwaltung getrennt sein. Saß das Stadtgericht bislang im Rathaus, soll die schärfere Abgrenzung auch räumlich sichtbar werden. 1808 bekommt das Berliner Stadtgericht daher endlich ein eigenes Haus, das Gouverneurshaus. Für das Gericht wird das Gebäude, das in der Königstraße (der heutigen Rathausstraße) an der Ecke zur Jüdenstraße liegt, mehrfach großzügig umgebaut und erweitert. Für den wachsenden Bedarf ist der Platz dennoch immer wieder zu knapp, erst recht, als die Zeit des Stadtgerichts 1879 endet und das »Land- und Amtsgericht Berlin I« in dem Haus untergebracht wird. Nachdem das neue Gericht den Justizpalast in der heutigen Littenstraße bezogen hat, endet zunächst die Karriere des Gouverneurshauses als juristisches Gebäude. Den Krieg übersteht es relativ unbeschadet, nicht aber die sozialistische Stadtplanung. Bevor das Gouverneurshaus wegen der Neugestaltung der Rathausstraße abgerissen wird, werden zum Glück die originalen barocken Schmuckelemente des Hauses gerettet. In der vergleichsweise bescheidenen Größe, wie es einst für den Geheimen Justizrat von Katsch erbaut wurde, ersteht es 1964 neu an der Straße Unter den Linden, neben dem Alten Palais. Das Gouverneurshaus gehört heute zu den Gebäuden der Humboldt-Universität – und wird von der Juristischen Fakultät genutzt.

Unter den Linden 11, 10117 Berlin

SORRY, HOLLAND

Das Gouverneurshaus ist die erste eigene Arbeit des Architekten Friedrich Wilhelm Diterichs, wahrscheinlich noch unterstützt von seinem damaligen Lehrmeister Martin Heinrich Böhme. Bald darauf macht Diterichs, ähnlich wie sein Bauherr Christoph von Katsch, Karriere im preußischen Staatsdienst. Er bringt es bis zum Oberbaudirektor und ist auch am Bau von Schloss Sanssouci beteiligt, bevor er bei König Friedrich II. in Ungnade fällt. Als freier Architekt verantwortet er später den Bau der schönsten Ecke von Berlin, des Ephraim-Palais. Auch die Pläne für das sogenannte Niederländische Palais auf der Straße Unter den Linden stammen von Diterichs. Im Krieg beschädigt, ist zunächst die Wiederherstellung des Palais geplant. 1963 muss die Ruine des Niederländischen Palais aber dem Wiederaufbau eines anderen Gebäudes von Friederich Wilhelm Diterichs weichen – des Gouverneurshauses.

DER GEIST VON SAVIGNY

JURISTISCHE FAKULTÄTEN

Wilhelm von Humboldt bettelte den jungen Star der Rechtswissenschaft regelrecht an. »Sie müssen noch vor der Universität in Berlin sein!«, schrieb er Friedrich Carl von Savigny nach Landshut, wo dieser gerade eine Professur angetreten hatte. Savigny ließ sich überreden, und als die Universität in Berlin 1810 startete, war der 31-jährige Professor mit dabei. Über dreißig Jahre lehrte Savigny in Berlin, prägte die Juristische Fakultät wie keiner nach ihm und gilt als der »Säulenheilige der Rechtswissenschaft des 19. Jahrhunderts«. Offenbar war er aber nicht nur ein exzellenter Theoretiker, sondern auch ein talentierter Lehrer. Zum Ende seiner Vorlesungen sollen die atemlos lauschenden Zuhörer einander vor Begeisterung in die Arme gefallen sein.

Dass so was heute noch bei Vorlesungen an der Juristischen Fakultät der Humboldt-Universität vorkommt, wird nicht berichtet. In Jura-Rankings landet die Humboldt-Universität mittlerweile eher im Mittelfeld. Dafür ist die Fakultät aber erstklassig untergebracht. Sie sitzt in der ehemaligen Königlichen Bibliothek von 1780 am heutigen Bebelplatz, die wegen ihrer geschwungenen Barockfassade von Anfang an nur die »Kommode« genannt wurde. Bereits 1810 durften Studenten der neu gegründeten Berliner Universität die Bibliothek nutzen. Genau hundert Jahre später wurde die Kommode dann ganz offiziell als Hörsaalgebäude an die Universität übergeben und wird seitdem vor allem von der Juristischen Fakultät genutzt.

Die zweite juristische Fakultät Berlins heißt gar nicht so, sondern nennt sich Fachbereich Rechtswissenschaft. Der ist in zwei Gebäuden beheimatet, die in ihrer Gegensätzlichkeit vortrefflich die Entstehungsgeschichte der Freien Universität widerspiegeln. Die Gegend in Dahlem war schon zur Kaiserzeit ein Wissenschaftsstandort. Hier siedelten sich die Institute der 1911 gegründeten Kaiser-Wilhelm-Gesellschaft an. Ergänzend zur Universität sollten sie Forschung betreiben, hauptsächlich auf dem Gebiet der Naturwissenschaften. Aus dieser Zeit stammt auch das herrschaftliche Gebäude des ehemaligen Kaiser-Wilhelms-Instituts für Biologie in der Boltzmannstraße 3, in dem heute ein Teil des Fachbereichs Rechtswissenschaft untergebracht ist. Es ist das älteste Gebäude der Freien Universität (FU). 1948 gegründet, ist die FU selbstverständlich auch von vielen Bauten der 1950er Jahre geprägt. Zu denen gehört das große Hörsaalgebäude der Juristen in der Van't-Hoff-Straße, in dem auch die rechtswissenschaftliche Bibliothek unterbracht ist. Dort trifft man dann wieder auf Savigny und seine Schriften. Und kann sich in dem schnörkellosen Ambiente dieses Nachkriegsbaus damit auseinandersetzen, dass Friedrich Carl von Savigny zwar der berühmteste deutsche Rechtsgelehrte gewesen ist, aber bestimmt kein Revolutionär und Vordenker einer modernen Gesellschaft.

Als Savigny 1861 starb, wurde er zunächst in der St. Hedwigs-Kathedrale begraben, gegenüber der Kommode, der heutigen Heimat seiner Juristischen Fakultät. Bei der Trauerfeier soll sogar der König mit allen Prinzen zugegen gewesen sein.

Bebelplatz 2, 10117 Berlin und
Van't-Hoff-Straße 8, 14195 Berlin

HERRIN DES VERFAHRENS
DIE STAATSANWALTSCHAFT

Im Jurastudium lernt man es gleich zu Beginn: Die Staatsanwaltschaft ist die »objektivste Behörde der Welt«. Sie soll es zumindest sein. Denn als Strafverfolgungsbehörde hat sie laut Gesetz sowohl Belastendes als auch Entlastendes für den Beschuldigten zu ermitteln. Wer es bei Gericht schon mal mit der Staatsanwaltschaft zu tun bekommen hat, mag sich jetzt verwundert die Augen reiben. Aber tatsächlich landen die wenigsten Verfahren auch vor einem Richter. Der überwiegende Teil der Ermittlungsverfahren wird eingestellt.

Erst seit Mitte des 19. Jahrhunderts gibt es in Deutschland Staatsanwälte. Zuvor ermittelten die Richter selbst, was sich mit dem Prinzip der Unabhängigkeit schwer vereinbaren ließ. Mit den Staatsanwälten wurde ein wichtiges Element des Rechtsstaats ins Strafverfahren eingeführt. Und den Anfang machte 1846 Berlin.

Die Staatsanwaltschaft bezeichnet sich gern als die »Herrin des Ermittlungsverfahrens«. Wenig herrschaftlich aber sind die Räumlichkeiten für die rund 300 Berliner Staatsanwälte. Zwar ist der offizielle Dienstsitz das Kriminalgericht Moabit, aber da reicht der Platz bei weitem nicht aus. Die größte Staatsanwaltschaft Deutschlands sitzt daher auch noch in dem schnöden Justizbau in der Kirchstraße, in dem zusätzlich das Verwaltungsgericht untergebracht ist. Auch da geht es mehr als eng zu, weshalb Berliner Staatsanwälte immer wieder auf Zwischenlösungen ausweichen müssen und eine Zeit lang sogar in Containern entlang der S-Bahn in Moabit saßen. Es ist dramatisch. Mit der Inbetriebnahme des Kathreiner-Hochhauses für das Verwaltungsgericht soll endlich alles besser werden. Ab 2025. Wenn es gut geht.

Zur Raumnot trägt bei, dass es in Berlin auch noch eine eigene Behörde der Amtsanwaltschaft gibt. So was leistet sich sonst nur noch Frankfurt am Main. Die Amtsanwaltschaft kümmert sich selbstständig hauptsächlich um Fälle der Kleinkriminalität und entlastet damit die Arbeit der Staatsanwälte.

Am besten hat es die Generalstaatsanwaltschaft. Auch was den Platz betrifft. Sie führt die Aufsicht über Staatsanwaltschaft und Amtsanwaltschaft und ist nur für spezielle Verfahren zuständig, zum Beispiel für Ermittlungen gegen Terroristen. Ihren Sitz hat die Generalstaatsanwaltschaft Berlin im Kammergerichtsgebäude am Kleistpark.

Turmstraße 91, 10559 Berlin

DER STAATSANWALT HAT DAS WORT

Staatsanwälte sind selten prominent. Ein Berliner Staatsanwalt hat es aber sogar zu einer regelrechten Fangemeinde gebracht: Peter Przybylski. Der Jurist war seit 1963 bei der Generalstaatsanwaltschaft der DDR beschäftigt. Ab 1965 hieß es im ostdeutschen Fernsehen: *Der Staatsanwalt hat das Wort*. Von der Krimireihe wurden bis kurz nach der Wiedervereinigung 140 Folgen produziert. Vor jeder Folge erschien Przybylski auf dem Bildschirm und führte in den Fall ein, um am Ende dann die rechtlichen Folgen des soeben Gezeigten einzuordnen. Seine Ausführungen waren seriös und staatstragend. Und machten eine ganze Generation von DDR-Zuschauern zu kleinen sozialistischen Rechtsexperten. Vor allem aber musste die Fernsehreihe das Kunststück vollbringen, eine halbwegs spannende Krimi-Handlung zu zeigen, obwohl der »sozialistische Mensch« ja gar nicht kriminell war. Peter Przybylski löste das Problem mit Ausführungen wie dieser: »Oft ist die kriminelle Handlung die einmalige Entgleisung vom sonst geraden Weg, Ausdruck eines ideologischen Überbleibsels.« Da war man dann wieder beruhigt. *Der Staatsanwalt hat das Wort* – eine deutsche Fernsehskurrilität.

DER HAUCH DER GESCHICHTE

MINISTERIEN DER JUSTIZ

Bella Italia im Reichsjustizamt! Zumindest in seiner Bibliothek. Die befand sich im Erdgeschoss und war nach dem Vorbild der Bibliothek von San Marco in Venedig errichtet worden. Das Reichsjustizamt als oberste Justizbehörde des Deutschen Reiches war 1877 geschaffen worden, drei Jahre später bekam es ein eigenes Gebäude in der Voßstraße. Zuständig war es für die Umsetzung der Reichsjustizgesetze. Auch die Ausarbeitung des Bürgerlichen Gesetzbuches (BGB), des prägenden

Mammutwerks des deutschen Rechts, die insgesamt 26 Jahre in Anspruch nahm, wurde vom Reichsjustizamt überwacht. De facto war es aber personell schlecht ausgestattet und hatte wenig Macht. Die lag auch nach der Reichsgründung 1871 bei dem älteren und wichtigeren preußischen Justizministerium. Selbst zur Zeit der Weimarer Republik, als das Reichsjustizamt auch endlich Reichsministerium für Justiz heißen durfte, hatte das preußische Justizministerium noch immer dreimal mehr Mitarbeiter. Die saßen ganz in der Nähe in der Wilhelmstraße in einem Palais, das bis 1844 von Prinz Ferdinand von Preußen bewohnt worden war. Das Kompetenzgerangel hatte ein Ende, als 1935 beide Ministerien von den Nationalsozialisten zusammengelegt wurden. Rechtsstaatliche Regeln auch.

Die Gebäude des Reichsjustizamtes und des preußischen Justizministeriums gibt es nicht mehr. Das erste wurde bereits 1938 abgetragen, um Platz zu machen für die Neue Reichskanzlei. Das andere wurde im Krieg schwer beschädigt und fiel letztlich dem Ausbau der Französischen Straße zum Opfer. Die DDR brauchte sich für ihr Justizministerium in Ost-Berlin also gar nicht mit der Frage zu befassen, ob sie auf ein ideologisch belastetes Haus zurückgreifen sollte. Die Wahl für den Sitz des Ministeriums fiel dann – auf das ehemalige Reichsinnenministerium in der Dorotheenstraße, gebaut 1937. Schnell wurde klar, dass von hier aus keine unabhängige Justiz verwaltet werden sollte: Als nach dem Aufstand des 17. Juni 1953 der damalige Justizminister Max Fechner öffentlich darauf hinwies, dass die Versammlungsfreiheit laut Gesetz auch in der DDR beachtet werden müsse, wurde er flugs seines Amtes enthoben und zu acht Jahren Haft verurteilt. Zur Nachfolgerin wurde Hilde Benjamin bestimmt, als erste deutsche Justizministerin. Die Juristin hatte ihre ideologische Standfestigkeit zuvor bereits als Vizepräsidentin beim Obersten Gericht der DDR ausgiebig unter Beweis gestellt. Heute nutzt der Bundestag den ehemaligen Ministeriumsbau als Außenstelle.

Seit 1999 ist Berlin Sitz des Bundesministeriums für Justiz. Es hat einen interessanten Gebäudekomplex an der Mohrenstraße bezogen, gleich neben dem Hausvogteiplatz. Das Ensemble ist ein Stilmix aus verschiedenen Epochen. Zu ihm gehören Plattenbauten aus der DDR und vier ehemalige Modekaufhäuser aus der Jahrhundertwende, von denen zum Teil nur die Fassaden erhalten sind. Zusammengehalten wird das Ensemble durch einen Neubau von 2002. Am ungewöhnlichsten ist der Haupteingang: Man betritt das Ministerium durch die markanten Bögen der barocken Mohrenkolonnaden. Sie schmückten einst eine Brücke über den alten Berliner Festungsgraben, wurden aber bereits beim Bau der Modekaufhäuser an ihren jetzigen Standort versetzt. Historisch wild ist aber nicht nur der Architekturmix des Bundesministeriums. Durch das Haus weht auch der Hauch der bewegten neueren Geschichte. Denn in dem Bau mit den hohen ovalen Jugendstilfenstern, rechts neben dem Haupteingang, war einst das Presseamt der DDR untergebracht. Hier holte Politbüro-Mitglied Günter Schabowski am Abend des 9. November 1989 den berühmten Zettel aus seiner Tasche und verkündete den erstaunten Journalisten, dass neue Reiseregelungen für DDR-Bürger gelten sollten. Sein gestammeltes »Das tritt nach meiner Kenntnis … ist das sofort, unverzüglich« war das unfreiwillige Signal zum Mauerfall und der Anfang vom Ende der Teilung. Im Eingangsbereich des Ministeriums erinnert eine Kunstinstallation an diesen historischen Moment.

Versteckt im Innenhof des Ministeriumsbaus, gibt es einen weißen schwebenden Kubus, in dem sich die Ministeriumsbibliothek befindet. Die gediegene Eleganz einer venezianischen Bibliothek verströmt er nicht. Immerhin finden aber mehr als 400.000 Bücher Platz.

Dorotheenstraße 93, 10117 Berlin und
Mohrenstraße 37, 10117 Berlin

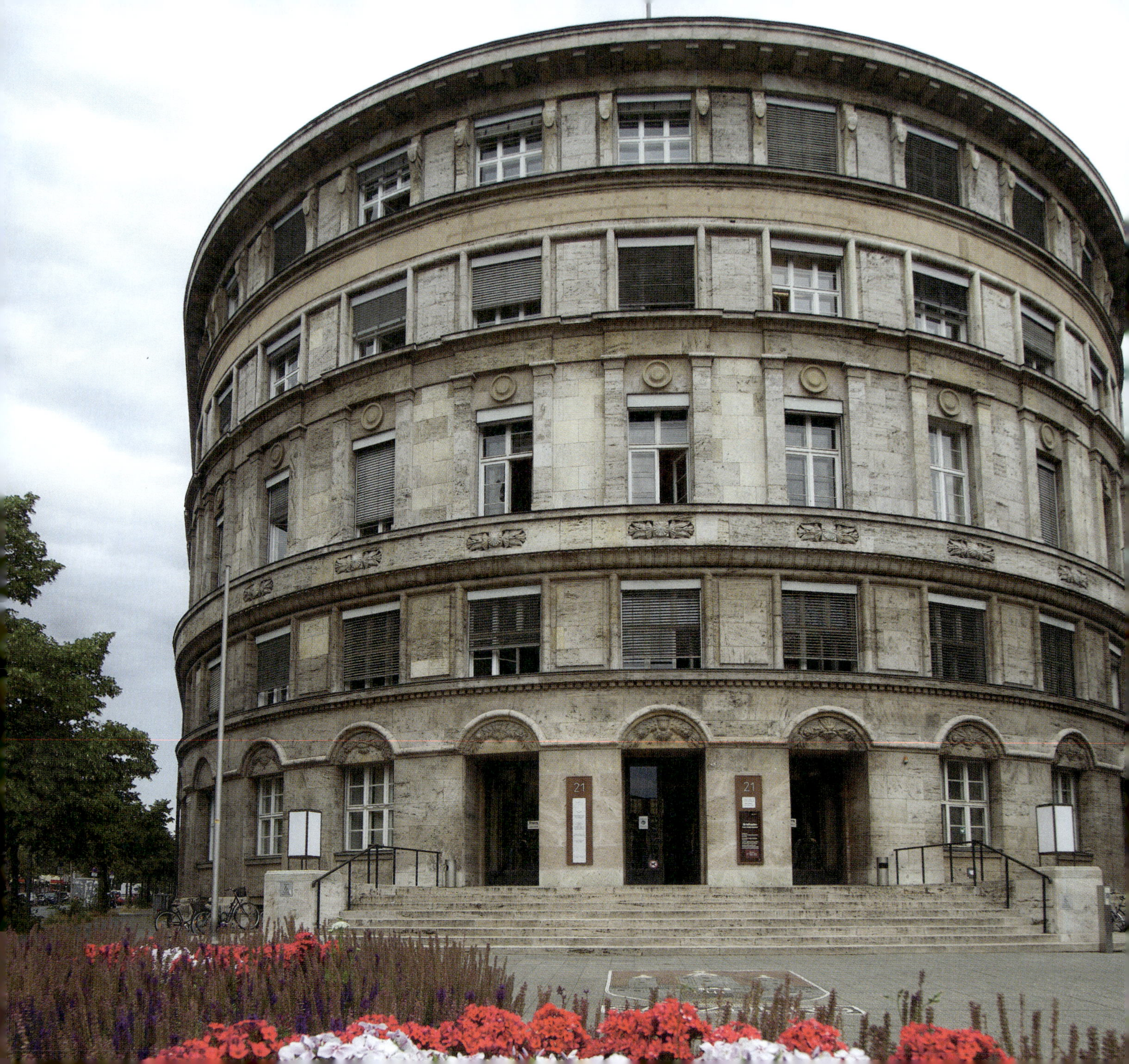
21
21

EIN BÄR AUS DEM GEFÄNGNIS

SENATSVERWALTUNG FÜR JUSTIZ

Ein Stadtwappen am Eingang einer Behörde ist nicht ungewöhnlich. Aber etwas ist besonders an diesem Mosaik mit Berliner Bär und Krone: die Künstler. Berliner Häftlinge haben dieses Wappen gefertigt. Seit 2008 schmückt es den Eingang des Nordsternhauses, wo die Senatsverwaltung für Justiz, Vielfalt und Antidiskriminierung angesiedelt ist. Diesen Namen trägt sie seit dem Amtsantritt der Linken-Politikerin Lena Kreck Ende 2021. Der jeweilige Zeitgeist spiegelt sich nicht nur im Namen der Justizverwaltung wider, sondern auch an kleinen Veränderungen am Dienstsitz. Unter dem Vorgänger Dirk Behrendt von den Grünen wurden zum Beispiel Parkplätze vor dem Haus zu Fahrradstellplätzen umgebaut und E-Ladesäulen für den Fuhrpark im Innenhof installiert. Aber das Nordsternhaus war schon von Beginn an voll auf der Höhe der Zeit.

Erste Hausherrin war die Nordstern-Versicherung, die dem Haus mit der elegant geschwungenen Eckfront seinen Namen gab. Paul Mebes, der zahlreiche Wohnsiedlungen in der Weimarer Republik errichtete, war Architekt des 1914 fertiggestellten Gebäudes. Seine Aufgabe war es, nicht nur ein besonders repräsentatives Firmengebäude zu bauen, sondern auch die modernste Bürotechnik zu integrieren. Damals stellten die internen Telefonleitungen und eine zentral gesteuerte Uhrenanlage den Gipfel der technischen Möglichkeiten dar. Die Rohrpostanlage mit der Kraft, bis zu zwei Kilogramm schwere Akten zu verschicken, war europaweit einzigartig. Neben der Perfektion der Arbeitsorganisation zeigten die edlen Materialien und viele kleine Details den Anspruch des Unternehmens. So wurde für die Beschriftung der Türschilder extra ein Kalligraph beauftragt. Auch für die Hygiene war gesorgt: Ein Frischluftbrunnen aus Majolika-Kacheln im sogenannten Beamtenhof sorgte für den Luftaustausch. Mit den glasierten Kacheln, die nicht verschmutzen und das Licht hervorragend reflektieren, sind auch die anderen Innenhöfe ausgestattet. Ein Ruheraum für die Angestellten zeigt, wie fortschrittlich die Versicherungsgesellschaft war. Trotzdem entschloss sich Nordstern nach dem Zweiten Weltkrieg, das unsichere, geteilte Berlin nach und nach zu verlassen und das komfortable Gebäude abzugeben.

Zunächst teilten sich das Bezirksamt Schöneberg, die Justizverwaltung und die Landeszentrale für politische Bildungsarbeit das Gebäude. Heute ist die Justizverwaltung mit ihren sechs Abteilungen Hausherrin, mit einigen gerne geduldeten

Untermietern wie der Referendarabteilung des Kammergerichts Berlin. Die aktuell amtierende Senatorin ist, wie ihre Vorgänger, im Büro des ehemaligen Generaldirektors der Versicherung untergebracht. Mal sehen, welche Spuren sie am Gebäude hinterlässt.

Salzburger Straße 21–25, 10825 Berlin

WEM DIE GLOCKE SCHLÄGT

Die angehenden Juristen stöhnen auf. Die Glocke! Gefühlt unendliche zwei Minuten lang und ohrenbetäubend laut. Das unerbittliche Glockengeläut stört die Konzentration, so dringend nötig kurz vor Ende der Prüfung. Dabei wird sonst jeder unnötige Lärm im Haus vermieden, jede noch so nötige Baumaßnahme verschoben. Denn im Nordsternhaus sitzt auch das Juristische Prüfungsamt, das zweimal im Jahr die juristischen Staatsexamina abnimmt. Seit Jahrzehnten schwitzen hier Studenten und Referendare. Wenn dann alles vorbei ist, sind nicht nur sie erleichtert, sondern auch die Senatsverwaltung. Die Invasion der Prüflinge bringt immer gehörig Unruhe ins Haus. Und die Glocke? In den 1990er Jahren haben die Studenten eine Delegation zum Rathaus geschickt. Ihr Anliegen, die Glocke zumindest für die Prüfungszeiträume abzustellen, wurde abschlägig beschieden. Immerhin handelt es sich um die Freiheitsglocke, die jeden Tag um Punkt zwölf Uhr an das so kostbare Gut der Freiheit erinnert. Die kleine Rache der Prüfungskandidaten: Nach überstandener Tortur verwandelt sich der Platz zwischen Nordsternhaus und Rathaus regelmäßig zu einem Partybereich. Die Musik aus den Boxen spielt dann meist länger als zwei Minuten.

SPEED3
SPEED

MIT DEM FAHRRAD DURCH DIE JUSTIZGESCHICHTE BERLINS

VON CHRISTIAN TÄNZLER UND ARNE KRASTING

Ohne Fahrrad geht nichts in Berlin. Vor allem für den Weg zur Arbeit ist es unerlässlich. Zu acht Monaten Gefängnis wird der Bäcker und Fahrraddieb Erich R. daher verurteilt. In der Urteilsbegründung heißt es: »Allgemein bekannt [ist], dass das Fahrrad wichtigstes Verkehrsmittel unserer werktätigen Bevölkerung ist. Millionäre fahren bekanntlich nicht auf Fahrrädern. Die Tat des Angeklagten ist daher umso verwerflicher«. Das war im Jahre 1950 in Ost-Berlin.

Die Bedeutung des Fahrrads in Berlin ist heute ähnlich groß wie vor siebzig Jahren. Allerdings nicht mehr aus Not und Mangel. Fahrradfahren ist heute Teil der Mobilitätswende und eines individuellen und modernen Lebensgefühls. Der Radverkehr boomt weiterhin und immer mehr Pop-up-Fahrradwege sind in den letzten Jahren entstanden. Bisweilen fahren sogar Millionäre Fahrrad.

Wir sind zu den Stätten der Justiz in Berlin gefahren und bieten hier drei Routen zum Nachfahren an. Was den Anwälten bis heute ein Ärgernis ist, ist für uns ein Vorteil: Gerichte und Gefängnisse befinden sich über die ganze Stadt verstreut. Daher durchqueren wir bei unseren Strecken auch einige Bezirke. Die Touren haben verschiedene kleine Schwerpunkte. Bei der ersten Tour sind das vor allem Orte des NS-Unrechts. Bei der zweiten Tour liegen bedeutende Gefängnisse aus Vergangenheit und Gegenwart auf der Route. Und die dritte Tour konzentriert sich auf Gerichte mit besonderer Zuständigkeit – oder besonderer Vergangenheit. Spannende und überraschende Einblicke in die Berliner Justizgeschichte bieten sie alle drei.

Mit der in den letzten Jahren noch mal gewachsenen Popularität des Radfahrens hat sich das ungewollte Spannungsfeld mit der Justiz nicht verringert. Die Diebstähle liebgewonnener Drahtesel, die mit romantischen Erinnerungen verbunden sind, haben ebenfalls zugenommen. Daher die Bitte: Nicht nur auf den Verkehr aufpassen, sondern auch auf das Rad selbst. Gute Fahrt!

TIPP

Diese und andere Touren können auf Anfrage auch mit Christian Tänzler und Arne Krasting als Moderatoren gebucht werden. Wer alleine unterwegs sein und sich ganz sicher nicht verfahren möchte, der findet auf der Verlagswebsite ammian-verlag.de unsere Routen mit den GPS-Punkten.

ROUTE 1

VOM AMTSGERICHT NEUKÖLLN BIS ZUM ALTEN KAMMERGERICHT

Anreise: Rathaus Neukölln (U7)
Abreise: Hallesches Tor (U6)
Länge der Route: 18 Kilometer

Unsere erste Route führt von Neukölln über Tempelhof nach Schöneberg und dann nach Mitte. Zwei große innerstädtische Grünflächen, verschiedene Gedenkorte des NS-Unrechts und Gerichtsgebäude aus mehr als 250 Jahren warten bei dieser Tour auf uns. Start ist vor dem imposanten Rathaus Neukölln, fertiggestellt 1914. Mehr als zehn Jahre älter ist allerdings das Amtsgericht Neukölln, samt angeschlossenem Gefängnis, auch »Café Schönstedt« genannt.

Von unserer ersten Station radeln wir ein kurzes Stück über die quirlige Karl-Marx-Straße Richtung Süden, bevor es rechts entlang der Werbellinstraße durch den angesagten Schillerkiez über die Herrfurthstraße auf das Tempelhofer Feld geht. Die Weite des ehemaligen Flugfeldes ist einmalig, ist es doch der einzige Platz in der Welt, wo man auf einer ehemaligen Start- und Landebahn legal Rad fahren kann.

Wir fahren bis zum Haupteingang Columbiadamm, überqueren dort die Straße und halten uns links in Richtung Platz der Luftbrücke. Kurz vor der Ecke Golßener Straße steht das Mahnmal KZ Columbia. Auf der anderen Straßenseite warten vor dem Flughafenhangar noch einige Informationstafeln zur Geschichte des Ortes. Wir setzen unseren Weg über die Bunkerstraße fort, bis wir das Hauptgebäude des Flughafens sehen. Erst links und dann wieder rechts, erreichen wir über verschlungene Wege linkerhand den Haupteingang. Vorbei am Dienstsitz der Polizeipräsidentin, biegen wir rechts in den Werner-Loebermann-Weg ein und verlassen das Areal des ehemaligen Flughafens.

Der Bayernring und später links der Schulenburgring führen uns in die Gartenstadt Neu-Tempelhof, wegen ihrer Straßennamen auch als Fliegerviertel bezeichnet. Entlang des Peter-Strasser-Wegs radeln wir rechts in den Rumeyplan bis zum Werner-Voß-Damm, der uns nach links zum SA-Gefängnis Papestraße bringt. Im Keller des unscheinbaren Backsteingebäudes befindet sich die Ausstellung. Ein Geschichtsparcours mit 14 Stationen lädt zudem ein, das ehemals militärisch genutzte Gelände zu erkunden.

Weiter geht es über die General-Pape-Straße zum Alfred-Lion-Steg, der uns über die Bahngleise mit einem grandiosen Blick auf das Südkreuz zu einer »Fahrradautobahn« Richtung Potsdamer Platz bringt. Wir verlassen den Weg und radeln links eine Rampe hoch auf die Monumentenstraße, der wir bis zum Kleistpark folgen. Hinter den Königskolonnaden, die einst am Alexanderplatz standen, befindet sich das imposante Gebäude des Kammergerichts mit seiner wechselhaften Geschichte. In das Kathreiner-Haus nebenan wird in einigen Jahren das Verwaltungsgericht einziehen.

Auf der Grunewaldstraße fahren wir bis zum Amtsgericht Schöneberg. Hier lohnt ein Studium des üppigen Bildprogramms auf der Fassade. Über die Martin-Luther-Straße, Rosenheimer-, Karl-Schrader-, Kyffhäuser-, Habsburger- erreichen wir die Winterfeldtstraße, überqueren die Potsdamer Straße in die Alvenslebenstraße und gelangen über die Bülowstraße, an der American Church vorbei, rechts in den Gleisdreieckpark. Falls sich Hunger und Durst melden: Hier gibt es zahlreiche Einkehrmöglichkeiten. Den Park durchfahren wir in West-Ost-Richtung und biegen an der Tribüne rechts ab, vorbei an einer Windmühle. Hier befinden sich der lohnenswerte

Museumspark des Technikmuseums und das Science Center Spectrum.

Über das Tempelhofer Ufer fahren wir in die Möckernstraße zum Amtsgericht Kreuzberg. Der Altbau ist 1995 vom Architekten Oswald Mathias Ungers erweitert worden, inklusive eines knallroten Kinderpavillons, passend zur Nutzung als Familiengericht. Unser Ziel erreichen wir auf kleinen Wegen via Hallesche Straße und Ida-Wolff-Platz. Wir überqueren Stresemann-, Wilhelm- und Friedrichstraße, der Fahrradausschilderung zum Jüdischen Museum folgend. Vom Dach des historischen Baus grüßt Berlins älteste Justitia mit Schwert und Waage. Hier befand sich von 1735 bis 1913 der alte Sitz des Kammergerichts Berlins. Als Einrichtung existiert das Kammergericht übrigens seit mehr als 550 Jahren – kein Gericht in Deutschland hat eine längere Kontinuität. Von hier erreichen wir in wenigen Minuten den nächsten U-Bahnhof Hallesches Tor.

ROUTE 2

VON DER GEDENKSTÄTTE PLÖTZENSEE ZUR LETZTEN INSTANZ

Anreise: Beusselstraße (S-Ringbahn)
Abreise: Klosterstraße (U2) oder
Alexanderplatz (S-, U-, Regionalbahn)
Länge der Route: 16 Kilometer

Die zweite Tour führt uns vom Norden Berlins in die Stadtmitte. Europas größtes Strafgericht, mehrere Gefängnisse, frühe Spuren der Berliner Gerichtsbarkeit sowie ein Ausflug in die Kulinarik erwarten uns. Start ist an der Gedenkstätte Plötzensee am Hüttigpfad. In der ehemaligen Hinrichtungsstätte befindet sich ein Gedenkraum und daneben eine Ausstellung zu den Opfern der NS-Diktatur. Das Gefängnis selbst mit seinen alten und neuen Gebäuden kann teilweise umrundet werden. Der historische Eingang der »Plötze« befindet sich am Friedrich-Olbricht-Damm. Von dort kommend, fahren wir nach Überquerung der Seestraße links am Ufer des Hafenbeckens entlang. Rechts von uns liegt der Westhafen, einst zweitgrößter Binnenhafen Deutschlands. Wir folgen dem gut ausgebauten Radweg am Nordufer, um dann rechts über die Putlitzbrücke weiter bis zur Birkenstraße zu radeln, in die wir am Hotel »MOA« links einbiegen. An der ersten Kreuzung fahren wir rechts in die Lübecker Straße. Im Eckgebäude, Birkenstraße 57, wohnten in den 1920er Jahren Berlins Meisterdiebe, die Brüder Sass.

Wir erreichen die Turmstraße, auf der wir am kleinen Tiergarten entlang zum mächtigen Gebäude des Kriminalgerichts Moabit gelangen. Wer an einem Vormittag in der Woche unterwegs ist, kann gleich für einen Prozess in der »Justizfabrik« dableiben. Direkt an das Gericht angeschlossen ist die JVA Moabit mit ihrem alten panoptischen Bau, den man am besten von der Straße Alt-Moabit einsehen kann. Danach fahren wir die Rathenower Straße ein Stück nordwärts, um dann rechts in die Seydlitzstraße einzubiegen. Am »Vabali Spa« vorbei geht es zum Skatepark Poststadion. Hier befindet sich die Gefängniswand der ehemaligen Militärarrestanstalt. Jetzt ist sie eine legale Graffiti-Leinwand.

Über den Eingang zum Poststadion verlassen wir das Gelände und nehmen den Radweg an der Fassade entlang zum Geschichtspark Lehrter Zellengefängnis. Die Geschichte – vom Bau eines preußischen Mustergefängnisses bis zu den Schrecken des Gestapo-Terrors – wird hier anhand von Installationen, Kunstwerken und Informationstafeln eindrucksvoll erzählt. Wir verlassen das Gelände durch den Ausgang Richtung Hauptbahnhof und setzen unseren Weg auf der Invalidenstraße fort, vorbei am Sozialgericht und dem ehemaligen Obersten Gericht der DDR (heute Bundeswirtschaftsministerium) bis zur Hessischen Straße, die in die Hannoversche Straße übergeht. Hier befand sich das Institut für Rechtsmedizin mit dem Leichenschauhaus. Schräg gegenüber geht es in die Philippstraße, die uns im Zickzackkurs über den Charité-Campus zur Luisenstraße bringt. Diese links runter erreichen wir, nachdem wir die Spree mit Blick auf den Reichstag überquert haben, den preußischen Prachtboulevard Unter den Linden.

Unser nächster Halt ist das Gouverneurshaus kurz vor dem Bebelplatz, das eine interessante Reise hinter sich hat. Noch einige Meter und wir sind auf dem Bebelplatz, wo sich die Juristischen Fakultät der Humboldt-Universität, auch Kommode genannt, befindet. Hier steht das Denkmal zur Erinnerung an die Bücherverbrennung 1933. Am neuen Humboldtforum und seiner modernen Ostfassade die Spree rechts entlang, wechseln wir zur Rathausstraße und finden in der Poststraße 28 im

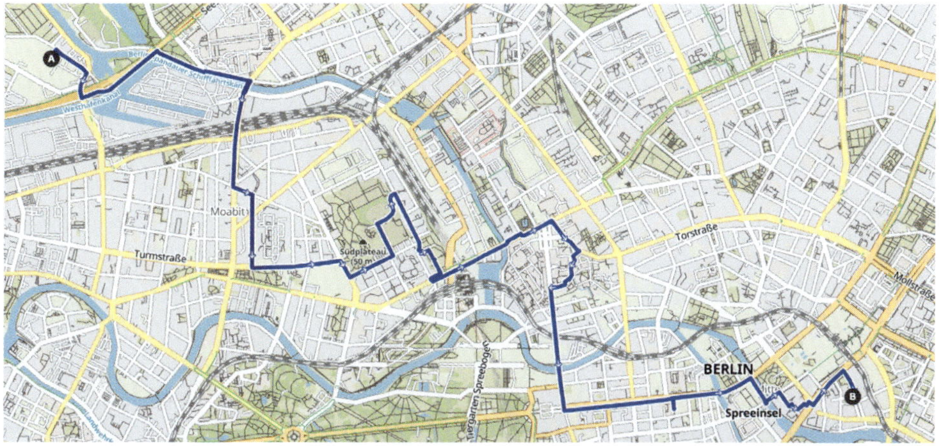

Nikolaiviertel die rekonstruierte Gerichtslaube, in der sich ein Restaurant befindet. Der Kaak außen schaut spöttisch auf die Passanten herab.

An der Nikolaikirche vorbei gelangen wir über kleine Kopfsteinpflasterstraßen zum Molkenmarkt, wo sich einst die berüchtigte Stadtvogtei befand. Wir folgen der Grunerstraße bis zum Gerichtsgebäude in der Littenstraße. Hier lohnt ein Blick in das prächtige Foyer. In der parallel verlaufenden Waisenstraße befindet sich eines der ältesten Restaurants Berlins. Der Name »Zur Letzten Instanz« geht übrigens auf das benachbarte Gerichtsgebäude zurück. Für uns ist es die letzte Station. Keine Henkersmahlzeit, sondern Berliner Küche auf hohem Niveau erwartet uns. Der Bahnhof Alexanderplatz und die U-Bahnstation Klosterstraße sind in kurzer Distanz zu erreichen.

ROUTE 3

VOM HAUSVOGTEIPLATZ BIS ZUM REICHSMILITÄRGERICHT

Anreise: Hausvogteiplatz (U2)
Abreise: Sophie-Charlotte-Platz (U2)
Länge der Route: 15 Kilometer

Die dritte Tour führt uns einmal halb durch die Stadt, vom Zentrum nach Westen. Uns erwartet ein Mix aus besonderen Gerichtsgebäuden. Am Ausgangspunkt Hausvogteiplatz erinnert nur noch der Name an das alte Gefängnis. Die erste Station finden wir ein paar Meter weiter die Mohrenstraße entlang Richtung Westen. Auf der linken Seite kommt hier das Justizministerium mit den Mohrenkolonnaden in den Blick.

Vorbei am Gendarmenmarkt geht es dann bis zur Friedrichstraße, wo wir links abbiegen, die Leipziger Straße überqueren und am belebten Checkpoint Charlie rechts in die Zimmerstraße einbiegen. Der markante Torbogen des spätklassizistischen Gebäudes auf der rechten Seite führte in die Markthalle III, deren Funktion auch durch die Medaillons am Eingang illustriert wird. Das Vorderhaus war der erste Sitz des Arbeitsgerichts.

Über die Niederkirchnerstraße an der Berliner Mauer entlang, gelangen wir in die Stresemannstraße, die uns zum Potsdamer Platz führt. Vor dem Hotel »The Ritz-Carlton« biegen wir in die Bellevuestraße und finden nach 100 Metern auf der linken Seite auf dem Bürgersteig eine Gedenktafel, die an den Sitz des Volksgerichtshofs erinnert. Der Bellevuestraße folgen wir, bis wir auf die Ben-Gurion-Straße stoßen. Dort biegen wir links ab und fahren dann rechts die Potsdamer Straße entlang, an der Philharmonie und der Neuen Nationalgalerie vorbei. Nach dem Einbiegen in das Reichpietschufer halten wir gleich am ersten Gebäude. Der wilhelminische Prachtbau wurde für das Reichsversicherungsamt gebaut und beherbergte nach 1945 für einige Jahre das Sozialgericht.

Über die Bendlerbrücke und die Kluckstraße gelangen wir zum Magdeburger Platz. Wer eine kleine Pause einlegen möchte, sollte dafür die »Gerichtsbank« des Künstlers Uğur Özbay nutzen. Man sitzt auf Gesetzesbüchern und einer Robe aus Granit – mit Blick auf ein ehemaliges Möbellagerhaus, in dem heute das Arbeitsgericht residiert. Die Lützowstraße bringt uns zum gleichnamigen Platz, den wir südlich umrunden. Wir überqueren die Schillstraße an der Fußgängerampel und gelangen zur Wichmannstraße, die uns bis zur Budapester Straße führt. Hinter der Corneliusbrücke kommen wir in die Stülerstraße, biegen aber nach kurzer Zeit links in die Rauchstraße. Hier war der Sitz des Obersten Rückerstattungsgerichts, das außerhalb der deutschen Gerichtsorganisation stand. Besonders auffällig: der Frauenkopf von Arno Breker an der Fassade.

Die Drakestraße radeln wir bis zum Landwehrkanal entlang und folgen dem Tiergartenufer bis zur Schleuse. Parallel zu den Gleisen finden wir den Weg bis zum Bahnhof Zoo und der Hardenbergstraße, in die wir rechts einbiegen. Als erstes Gebäude steht dort das Oberverwaltungsgericht. Die nächste Etappe führt uns weiter auf der Hardenbergstraße zum Steinplatz, dann in die Goethestraße, ein kurzes Stück rechts auf der Schlüterstraße, links in die Schillerstraße, bis wir die Windscheidstraße erreichen. Nach einem kurzen Stück die Kantstraße rechts runter erreichen wir das ehemalige Strafgericht Charlottenburg mit dem dahinterliegenden Gefängnis. Wenn wir Glück haben, ist das Haus für eine Ausstellung des »Amtsalons« geöffnet. Oder man reserviert schon mal für ein Abendessen im Restaurant zwischen Gericht und Gefängnis.

Am schräg gegenüberliegenden Amtsgerichtsplatz befindet sich das Amtsgericht Charlottenburg. Auf dem Platz erinnert ein Mahnmal an die Opfer des Vernichtungslagers Treblinka. Die letzte Station der Tour findet sich, wenn wir ein kurzes Stück Richtung Süden auf der Suarezstraße fahren und dann rechts in die Witzlebenstraße einbiegen. Das Eckgebäude am Witzlebenplatz wurde für das Reichsmilitärgericht gebaut. Heute kann man hier wohnen. Und direkt gegenüber lädt der Lietzenseepark nicht nur im Sommer zur Entspannung ein.

DIE AUTOREN

Arne Krasting ist Historiker und Geschäftsführer des Zeitreisen – Veranstaltungs- und Projektmanagements. Sein erstes Buch *Fassadengeflüster. Berliner Bauten der Weimarer Republik* ist Anfang 2021 erschienen. Er ist Initiator und Moderator des Podcast »Goldstaub« sowie Mitwirkender und Tourpartner der Serie *Babylon Berlin*. Zudem ist er als Kurator und Blogger aktiv.

Kontakt: ak@zeit-reisen.de, Instagram: timetravel.berlin

Alexander Vogel ist Jurist und Kommunikationswissenschaftler. Er hat in den letzten Jahren zahlreiche Beiträge zur Regional- und Landesgeschichte publiziert und ist Autor mehrerer Bücher zur Filmgeschichte Berlins und Brandenburgs. Außerdem ist er für die Konzeption der Touren und Bildungsangebote der Agentur Zeitreisen verantwortlich und arbeitet als Filmkurator.

DANK

Unser Dank geht an die zahlreichen Mitarbeiter und Mitarbeiterinnen der Gerichte und Gefängnisse in Berlin. Stellvertretend aufgeführt seien hier Susanne Sass, Claudia Cuccoli, Dr. Axel Schreier, Christiane Scheerhorn, Dr. Marcus Howe, Lisa Jani, Werner Gräßle, Petra Wilhelm, André Zwicker und Rafael Galejew. Für Zugang und Informationen zu anderen Gebäuden danken wir Dr. Ute Evert, der Leiterin des Stadtgeschichtlichen Museums Spandau, Johanna Steinke, Pressesprecherin der BIM, Janina Atmadi, Geschäftsführerin von The Knast, sowie der Architektin Almut Grüntuch-Ernst. Vielen Dank an Thilo Mrosek vom Landesarchiv Berlin für die tolle Zusammenarbeit. Von Uli Hanisch haben wir wertvolle Informationen über Dreharbeiten bekommen, und Christian Tänzler war wieder mit seinem Veloziped dabei. Für Feedback und Anregungen danken wir Heide und Jens Krasting, Cordula Klaus und Ulrich Klaus.

Der Verlag bedankt sich bei Manuel Lindinger für die Jahre wertvoller Arbeit im Verlag, bei Falk Flach, Thomas König und Peggy Prien für die Mitgestaltung dieses Buches.

GOLDSTAUB
DER ZWANZIGER JAHRE PODCAST
GLANZ, GOLD, STAUB UND DRECK.
DEKADENZ, ARMUT, ASPHALT UND LICHT.
ELSE EDELSTAHL UND ARNE KRASTING NEHMEN EUCH
MIT AUF EINE ZEITREISE IN DIE WEIMARER REPUBLIK.
WWW.GOLD-STAUB.DE

»Für mich ist das eine Einladung! Wunderbare Fotos, sehr liebevoll gestaltet, nimmt das Buch uns mit auf eine Zeitreise.«

KNUT ELSTERMANN

FASSADENGEFLÜSTER

Berliner Bauten der Weimarer Republik
Zeitreisen mit Arne Krasting

3. Auflage 2022
272 Seiten, 21,5 × 19,5 cm, Broschur,
über 200 farbige und historische Fotografien
Euro 20 €
ISBN 978-3-948052-00-3

Berlin zur Zeit der 1920er Jahre – es ist der Aufstieg einer Stadt zur Weltmetropole. Innovative Stadtquartiere und moderne Industrieareale im Geist einer Aufbruchsstimmung in die Moderne: Das Buch stellt herausragende Beispiele und manches in Vergessenheit geratene Kleinod avantgardistischer Architektur in Berlin vor. Unser »rasender Reporter« Arne Krasting hat die Orte aufgesucht, beschreibt die architektonische Gestaltung und erzählt dazu die Geschichten hinter den Fassaden.

April 2022
»Ihr nehmt euch einfach jemanden, der euch stützt, wenn ihr rausgehen wollt. Es sind genug Menschen zum Stützen da, schaut euch um!«
Konrad H. Roenne
Hoch Mittag
Der Ausflug einer Gruppe Senioren entwickelt sich zu einem bizarren Roadmovie – durchs Oderbruch in Richtung Polen. Ein rasanter Debütroman.
368 Seiten, gebunden mit Schutzumschlag, 24,80 Euro
Hoch Mittag
Roman
Konrad H. Roenne
www.ammian-verlag.de
ammian
VERLAG

BILDNACHWEIS

Umschlag/Cover: Arne Krasting; Arne Krasting: S. 7, S. 8, S. 12–21, S. 23–25, S. 28/29, S. 32–39, S. 40–46, S. 48–63, S. 70–79, S. 81, S. 83–112, S. 114–122, S. 124–131, S. 134–141, S. 146–149, S. 152–157, S. 169, S. 170, S. 173, S. 174, S. 167–177, S. 179, S. 182/183, S. 187–189, S. 191, S. 193, S. 195, S. 196, S. 202, S. 204–208, S. 210–221, S. 226–237, S. 246, S. 268; Landesarchiv Berlin: S. 10/11, S. 22, S. 39, S. 47, S. 64–69, S. 80, S. 162/163, S. 165–168, S. 171, S. 172, S. 181, S. 183, S. 184/185, S. 186, S. 194, S. 197, S. 198, S. 224, S. 239, S. 239, S. 242, S. 244, S. 245; Architekturmuseum TU Berlin: S. 26, S. 27, S. 30, S. 31, S. 75, S. 82, S. 113, S. 120, S. 123, S. 150/151, S. 175, S. 211; Alexander Vogel: S. 70/71; Wikipedia Commons: S. 72, S. 78, S. 241; Wasmuths Monatshefte für Baukunst und Städtebau: S. 132/133; Bundesarchiv: S. 142, S. 143, S. 144; Wikimedia Commons/Jörg Zägel: S. 145; Stadtgeschichtliches Museum Spandau, Friedhelm Hoffmann: S. 158, S. 159; Archiv Stadtgeschichtliches Museum Spandau: S. 160/161, S. 223; euroluftbild.de/BSF Swissphoto GmbH: S. 178/179; bpk/Kunstbibliothek, SMB, Photothek Willy Römer/Willy Römer: S. 180; JVA Tegel: S. 191/192; Martin Bennis/Weidner Händle Atelier: S. 199; Wilmina, Patricia Parinejad: S. 201, S. 203; Fréderic Batier/X-Filme: S. 209; AlliiertenMuseum: S. 221

Der Verlag hat sich bemüht, alle Rechteinhaber ausfindig zu machen. Eventuelle Auslassungen wird der Verlag bei entsprechendem Hinweis gern in einer folgenden Auflage korrigieren.

IMPRESSUM

Bibliografische Information der Deutschen Nationalbibliothek: Die Deutsche Nationalbibliothek verzeichnet diese Publikation in der Deutschen Nationalbibliografie; detaillierte bibliografische Daten sind im Internet über http://dnb.dnb.de abrufbar.

Alle Rechte vorbehalten. Nachdruck, auch auszugsweise, sowie Verbreitung durch Film, Funk und Versehen, durch fotomechanische Wiedergabe, Tonträger, Datenverarbeitungssysteme jeglicher Art nur mit schriftlicher Genehmigung des Verlages.

1. Auflage 2022
© 2022 Ammian Verlag
Inhaber: Marcel Piethe, Rahnsdorfer Str. 26, 12587 Berlin
Verkehrsnummer: 12466, verantwortlich gemäß § 55 RStV: Marcel Piethe
Umschlag und Satz: Falk Flach, Thomas König / typegerecht berlin
Verlagsredaktion: Marcel Piethe, Ammian Verlag
Korrektorat und Lektorat: Peggy Prien
Gedruckt in der EU
ISBN: 978-3-948052-12-6
Preis: 24,80 €

www.ammian-verlag.de
www.lesen-lokal.de

MIX
Paper from responsible sources
FSC® C129461
FSC www.fsc.org